余 璐／著

制度压力、
绿色知识
与跨国企业双元重构
——基于中国绿色制度演进的研究

西南财经大学出版社
中国·成都

图书在版编目(CIP)数据

制度压力、绿色知识与跨国企业双元重构:基于
中国绿色制度演进的研究/余璐著.--成都:西南财经
大学出版社,2024.12. --ISBN 978-7-5504-6488-9

Ⅰ.F279.247

中国国家版本馆 CIP 数据核字第 2024P2Q645 号

制度压力、绿色知识与跨国企业双元重构——基于中国绿色制度演进的研究
ZHIDU YALI,LÜSE ZHISHI YU KUAGUO QIYE SHUANGYUAN CHONGGOU;JIYU ZHONGGUO LÜSE ZHIDU YANJIN DE YANJIU

余　璐　著

责任编辑:石晓东
助理编辑:徐可一
责任校对:陈何真璐
封面设计:墨创文化
责任印制:朱曼丽

出版发行	西南财经大学出版社(四川省成都市光华村街55号)
网　　址	http://cbs.swufe.edu.cn
电子邮件	bookcj@swufe.edu.cn
邮政编码	610074
电　　话	028-87353785
照　　排	四川胜翔数码印务设计有限公司
印　　刷	成都市新都华兴印务有限公司
成品尺寸	170 mm×240 mm
印　　张	13.5
字　　数	236 千字
版　　次	2024 年 12 月第 1 版
印　　次	2024 年 12 月第 1 次印刷
书　　号	ISBN 978-7-5504-6488-9
定　　价	88.00 元

前言

　　跨国企业正在随着全球制度的演进而不断重构自身的全球战略，而处于制度快速更迭的新兴经济体的跨国企业尤甚。20世纪90年代以来，随着中国经济水平的不断提高，中国的环境制度发生了重大转变：从以GDP作为官员政绩考核的第一指标，到政府出台"两控区"政策、排污权交易制度、碳市场交易制度等，再到将环保指标纳入官员考核体系以及使用系统的金融制度、法律制度来规范和引导跨国企业绿色发展。中国正在形成一套全新的以"绿水青山就是金山银山"为核心理念的绿色制度体系。中国作为最大的新兴经济体之一，其绿色制度演进正在和跨国企业发生着复杂的互动，并促使其进行全球性的战略重构。在中国的绿色制度演进这一时代性变迁的重大事件中，梳理和验证跨国企业应对新兴市场国家制度演进的战略重构行为的重大理论命题和经验事实，是本书将要开展的核心工作。

　　本书首先回答两个理论问题：在生产链视角下的国别制度演进，将会导致跨国企业做出何种战略选择？这种战略选择能否被传统理论的要素联合解答？为了回答这两个问题，本书以制度理论为核心视角，融合了跨国企业的全球价值链生产事实，并遵循知识观、双元战略观的主要逻辑，有机整合了"污染天堂假说"和"波特假说"来构成研究的命题架构和理论基础。在本书的理论视角之下，中国的绿色制度演进通过多种渠道对跨国企业形成了显著的制度压力。而在全球化价值链分工的时代，由于生产链条的延长和细分，跨国企业可以通过对污染密集型生产环节进行外包来降低自身污染水平；同时，也可以通过对剩余生产环节进行波特式创新来继续强化对制度的适应。而跨国企业能否通过自身开发或母国传递获得有效降低自身污染水平的绿色知识，则会成为跨国企业进行战略选择的重要影响因素。

　　在这一理论逻辑下，本书重点回答的经验性研究问题是：中国的绿色制度演进是否会对跨国企业形成制度压力？在具体的制度演进中，跨国企业是否有重构其全球生产环节、外包特定类型的中间品生产、强化创新来应对的行为？

这些行为在不同的制度模式、知识来源等方面是否存在差异？

为回答以上问题，本书聚焦中国的绿色制度演进过程，利用多种研究方法，系统地分析了环境制度对于跨国企业跨境外包与研发创新的影响，以及国家层面绿色知识水平在其中所起的调节作用。本书聚焦于三个对跨国企业有着显著影响的典型绿色制度：第一，对跨国企业构成直接融资压力的绿色金融制度（绿色信贷政策）；第二，对跨国企业构成非正式的观念性制度压力的地方政府绿色关注度（地级市政府工作报告中的环境词频）；第三，对跨国企业构成绿色法律制度压力的国家层面可持续立法（新版《中华人民共和国环境保护法》，以下简称新《环境保护法》）。这三种制度分别从金融、政府和法律层面带来了不同水平的制度压力，又由于实施压力的主体的不同特点而有所差别，相关差异值得跨国企业经营者关注。而跨国企业的双元重构战略在本书中被解构为污染外包、绿色创新（包含跨国企业研发投入和绿色专利数），这两者是"污染天堂假说"和"波特假说"在价值链视角下跨国企业层面的融合，这也意味着在新的视角下，跨国企业的战略选择更加丰富。同时，为了形成可测度的两大战略指标和绿色知识这一中介标准，本书通过整理大量的数据，构造了较可靠且可量化的污染外包的变量和绿色知识的变量，为创新性开展上述命题的定量研究奠定了基础。

本书的研究主要分三部分进行：首先，分析了绿色金融制度（绿色信贷政策）压力对跨国企业污染外包以及绿色创新的影响。从跨国企业层面分析了环境制度压力通过金融压力传导，形成的对跨国企业污染外包的影响，以及国家层面（跨国企业母国）绿色知识水平在这种影响中起到的调节作用。其次，本书用地级市政府工作报告中的环境词频作为地方政府绿色制度压力的衡量指标，关注了不同地方政府环保观念的转变，并分析这种观念转变带来的非正式制度压力对跨国企业研发投入的影响。同时，引入跨国企业母国绿色知识水平作为调节变量分析了绿色知识水平的调节作用。最后，本书聚焦于绿色法律制度，特别是可持续发展领域立法的制度压力所产生的效应，用2015年开始实施的新《环境保护法》作为政策冲击，分析环境制度压力对跨国企业污染外包以及绿色知识水平的影响。本书研究的主要结论如下：

第一，绿色信贷政策的实施对于不同行业跨国企业污染外包和绿色创新均起到较为显著的促进作用，但是这种正向影响存在一定的时间滞后效应，即整体影响效果会在一段时间后才显现。基准回归以及稳健性检验的结果均表明，绿色信贷政策对于跨国企业污染外包具有正向推动作用，且该作用不受政策的实施年份、跨国企业的进口结构、各国的贸易结构，以及碳排放权交易市场政策的并行实施等其他因素的影响。进一步分析发现，非国有跨国企业以及污染密集型行业（石油化工、水泥等）的跨国企业在绿色信贷政策实施后更倾向于进行污染外包。同时，出口国绿色知识水平能够显著影响跨国企业污染外包，而融资约束更高的跨国企业更愿意进行污染外包。

第二，地方政府绿色关注度会对当地跨国企业研发投入起到正向促进作用，但是对于跨国企业污染外包并没有显著影响。将国家层面绿色知识水平作为调节变量后，地方政府绿色关注度对国家层面绿色知识水平高的跨国企业研发投入促进效应偏弱。稳健性检验的结果表明，无论是否引入国家层面绿色知识水平作为调节变量，基准回归的结论依旧稳健。通过异质性分析可知，地方政府绿色关注度对独资跨国企业研发投入促进效应较强；而在引入国家层面绿色知识水平作为调节变量后，其对独资跨国企业研发投入促进效应偏弱。地方政府绿色关注度对东部地区跨国企业和出口型跨国企业的研发投入呈正向激励作用，但在引入调节变量后，两者的研发投入均被抑制。同时，地方政府绿色关注度会对母国为高收入国家的跨国企业研发投入起到正向促进作用。

第三，新《环境保护法》对于跨国企业污染外包以及跨国企业自身绿色知识水平起到显著的正向促进作用，但是这种作用存在一定的时滞性。在不同的稳健性检验下，这种促进作用都保持一致的显著性。通过异质性分析可知，新《环境保护法》的实施对独资跨国企业在污染外包和绿色知识水平增长方面都起到显著的促进作用。此外，新《环境保护法》对于非服务业跨国企业污染外包起到显著的促进作用；同时，对于服务业跨国企业绿色专利起到显著的正向促进作用。另外，新《环境保护法》的实施对于东部地区跨国企业和母国为高收入国家的跨国企业的污染外包和绿色专利均起到显著的正向促进作用。

本书的研究为理解新兴经济体的制度深化和跨国企业的战略性重构提供了新的理论视角和经验证据，也为理解不同制度压力下跨国企业的外包行为和创新行为的共同作用提供了可靠的参考。在全球化价值链分工时代，跨国企业可以依托自身的知识特性、精细化的重构和升级特定生产环节以应对制度变化，而东道国也可以通过更为精细化的制度设计来引导跨国企业实现创新并进行合理全球布局，以激发跨国企业更多地使用母国的知识能力。后续的政策设计和研究都可以将跨国企业在制度压力下的精细化的生产链重构战略作为重要的考虑对象，继续深化这种精准化的制度演进以及互动模式的相关研究和实践。

余 璐
2024 年 6 月

目录

1 绪论

1.1 研究背景与意义

1.1.1 研究背景

跨国企业（MNEs）是指在世界各地设立分支机构或子公司，且规模庞大的股份有限公司。它们在不同的国家或地区设有办事处、工厂或分公司，通常还有一个总部用来协调全球的管理工作（王学鸿，1997）。近年来，世界经济和市场的全球化推动了跨国企业的成长。随着地域范围的扩大和跨国经营的分散，有效管理跨国企业已成为管理者面临的一项艰巨任务。现有的研究表明，除了跨国企业自身获取稀有和独特资源的能力外，全球布局和全球战略是跨国企业发展壮大的主要影响因素（Yaprak et al.，2011）。

随着世界经济的全球化程度不断加深，许多拥有丰富资源的跨国企业开始重新思考它们如何在这样一个持续扩大的市场中维持自身的竞争优势。现阶段，金融、产品和劳动力市场等均向着全球化方向发展。随着不同国家之间的交流与合作越来越多，许多行业在本质上已经变得全球化。在这些全球化行业中，竞争的跨国企业开始逐渐采用一种全球战略，它们不再将位于世界各地的子公司视为独立的子单位，而是高度相互依赖的网络（Kim et al.，1992）。因此，全球战略的特点是通过利用国家资源禀赋的差异、跨国企业网络的灵活性、规模经济、范围经济以及学习能力，在相互依存的国家市场中运作以维持竞争优势。

从跨国企业的全球战略中可以引申出一个重要的概念，即全球价值链（global value chain，GVC）。全球价值链是指在全球范围内的生产活动，该生产链涵盖商品的生产与服务环节，这种连接区域生产、加工、销售、回收等环节的跨国性生产网络，可被视为一种全球性的价值链。该理论解释了跨国企业主导下的生产活动跨地域布局。由于价值链包含了从设计到售后等一系列环节，这也从侧面描述了现阶段的全球化已经深入到跨国企业生产活动的每一个角落，使得产品的国别属性越来越模糊。对于跨国企业来说，全球价值链可以在地理上分散到许多国家，从而帮助其获得区域优势。

除了全球价值链外，跨国企业的全球战略还包含跨国企业的分工生产以及外资行为（如投资、撤资、产业升级等）等，这些都会对跨国企业的发展起到重要作用。

除了跨国企业自身的全球战略外，外部的制度环境也会对跨国企业的发展产生显著影响。对于跨国企业来说，东道国与母国之间的环境与制度差异使得跨国企业的国际扩张存在一定的困难。有部分学者认为，这种困难能够被跨国企业母国的特有优势（如技术、营销知识和管理技能等）所克服；另有部分学者则认为这种困难主要来自东道国的制度环境所带来的制度压力，而跨国企业能否适应这种压力才是其能否顺利扩张与发展的重要影响因素。

部分基于制度的观点认为，跨国企业所处的制度环境会显著影响其运营的效率和绩效，因此跨国企业的战略选择不仅反映了它们的能力和行业条件，还代表了它们的制度环境的正式和非正式约束（Scott，1995）。由此引申出制度理论，制度理论认为跨国企业的组织结构和行为模式在很大程度上是由周围环境决定并合法化的（Child，1997），在这种背景下，外部的制度环境与制度压力会对跨国企业的行为产生一定程度的影响。这也让学者们开始关注外部的制度压力对跨国企业行为的影响。Scott（1995）将外部制度压力分为规制、规范和认知三个维度，这些不同类型的制度压力都会对跨国企业的行为模式和战略制定等产生差异化影响。

在多种不同的制度压力中，本书主要关注中国环境制度压力对跨国企业所产生的影响。在过去的几十年里，包括中国在内的许多发展中国家都实现了经济的快速发展（Wu et al.，2019），但粗放型的经济增长模式不可避免地导致能源消耗过多，尤其是化石燃料能源（Ma et al.，2019）。然而，环境资源有限，一味地追求经济增长最终会导致生态环境恶化，使得环境问题更加严峻。因此近几十年来，资源过度消耗、空气污染和水污染等问题一直是制约各国经济可持续发展的主要问题（Zhang et al.，2019；Tang et al.，2019；Tang et al.，2020）。中国作为世界上最大的发展中国家和新兴经济体之一，也面临着环境恶化这一问题。2018 年全球环境绩效指数（EPI）基于 180 个国家和地区的得分和排名显示，中国 EPI 指数的综合得分为 50.74，排名为第 120 位，其中，空气质量排名第 177 位，中国主要城市空气质量污染超标比例达到 64.2%。这些结果表明，环境问题已经对中国的经济高质量发展、政府形象、公共生活空间乃至人民身体健康有着重要影响（Ouyang et al.，2020）。

环境污染负外部性是环境负外部性的一种具体表现形式。环境污染负外部性是指市场主体（如跨国企业与个人）的市场行为对环境造成的污染后果，其通常由全社会共同承担，而产生污染的主体自身却能够逃避需要承担污染的责任。因此环境污染负外部性会加重环境污染，同时也会抑制那些与环境保护相关的环境正外部性活动，这就使得环境污染难以从源头得到抑制（魏冉，2014）。

环境污染负外部性存在典型的非市场特征，即环境污染负外部性的影响并非通过市场发挥自身作用，因此市场机制无法自发地对环境污染进行调节。在这种状态下，政府对环境污染负外部性进行调控就成为使其内在化（使市场主体自行承担污染造成的额外成本）的主要方式之一。政府可以通过三种手段对环境污染负外部性进行内在化调控：财政手段、行政手段以及法律手段。财政手段主要包括税收，行政手段主要包括环境直接管制，而法律手段主要包括制定法律规则（刘友芝，2001）。无论是财政手段、行政手段还是法律手段，其根本目的都是给跨国企业施加一定程度的外部压力，这种压力往往是不同的制度所导致的，因此也被称为制度压力。

现阶段，跨国企业作为经济全球化发展的主要载体，在推动经济全球化发展的同时也会对环境造成各种各样的污染与负担。随着人们环保意识的逐渐增强，跨国企业不仅会面临来自政府、官方机构及各种利益相关者的压力，还会面临来自消费者、媒体以及各种非政府组织自发性的压力，这些压力会对跨国企业的战略制定和战略选择产生显著影响。Jansson 等（2017）的研究发现，制度压力能够直接影响跨国企业的战略导向，进而对跨国企业的外商直接投资（FDI）、对外贸易、所有权以及对外进出口战略等方面产生显著影响（Roy et al.，2009；Martín-Tapia et al.，2010；Wang et al.，2016；Du et al.，2020；Liu et al.，2020）。跨国企业的许多重要决策，如跨国企业优先事项的确定及跨国企业运营战略的制定等方面都取决于跨国企业最基本的战略导向（Miles et al.，1991），而跨国企业的战略导向与战略调整又会受到制度压力的显著影响，因此研究制度压力对跨国企业全球战略的制定与重构的影响就显得至关重要。

政府的规制与制度压力对跨国企业的影响强于市场对跨国企业的影响，尤其是在改善环境绩效方面。跨国企业若要减少污染的排放，就需要耗费大量的时间与金钱（额外的研发成本）去进行技术与产业的绿色升级，但仅靠市场调控无法影响跨国企业进行产业升级，因此政府的强制作用就显得至关重要。政府调控带来的制度压力能够促使跨国企业采取创新措施来提升自身绿色知识水平，并改善自身环境绩效，以减少污染的排放。中国政府的规制压力对于跨国企业的影响要显著强于来自非政府组织和媒体的规制压力。为了解决环境问题，加快环境治理步伐，中国政府出台了一系列环境环保法律法规与政策，以期能够遏制污染的加剧与环境的恶化。如 2015 年 1 月 1 日实施的新《环境保护法》被称为"史上最严"环保法，其规定在某些情况下，违法者将被处以重罚，甚至入狱。此外，中国政府还出台了一系列的环境规制，如绿色信贷、环保约谈等，这些环境规制带来的制度压力在跨国企业的绿色创新中发挥着重要作用（Demirel et al.，2011）。除此之外，中国政府还大力发展新能源，大量减少化石能源的使用，并出台一系列政策帮助跨国企业进行绿色转型。从本质上来说，这些方法都是通过压力来促使跨国企业进行绿色转型和绿色创新，最终达到减少污染排放、改善环境的目标。综上所述，政府调控主要是通过对跨国企业施加不同程度的制度压力来限制跨国企业的污染行为。

对于跨国企业来说，这种能够改善跨国企业环境绩效的创新被称为绿色创新。绿色创新旨在通过开发新产品、服务、流程和方法来减少污染，从而减少跨国企业对环境的负向影响（Brunnermeier et al.，2003）。已有研究表明，绿色创新可以通过满足利益相关者的环境要求来改善跨国企业的环境绩效（Lai et al.，2003）。此外，绿色创新能够提升跨国企业平衡盈利的能力，为跨国企业的绿色可持续发展奠定了基础，因而受到广泛倡导（Li et al.，2017）。

"波特假说"认为，制度压力被认为是跨国企业进行绿色创新的重要驱动力（Porter et al.，1995；Cai et al.，2018）。绿色创新的一个重要特征是它的"双重外部性"。在双重外部性下，仅靠跨国企业自身进行绿色创新是不够的，还需要政府和其他机构的激励和压力。严格的环境规制能够缓解跨国企业绿色创新的负外部性，增加消费者对环境产品或服务的需求，最终迫使跨国企业能够积极参与环境实践和绿色创新（Berrone et al.，2013）。由此可见，制度压力会对跨国企业的绿色知识水平以及绿色创新产生显著影响。而跨国企业的绿色创新也逐渐成为跨国企业应对外部压力、维持竞争力的主要途径（Berrone et al.，2003）。绿色创新作为跨国企业的一种环境管理战略（Hockerts et al.，2008），能够帮助跨国企业通过对产品、流程、管理等方面进行创新来解决跨国企业面临的环境问题，从而帮助跨国企业获得竞争优势（Noci et al.，1999）。以往的研究表明，跨国企业进行绿色创新的一个重要动机是获得各种利益相关者的认可（Berrone et al.，2013），即当跨国企业受到的外部制度压力越大，它们就越有可能采用绿色创新战略。因此，制度压力会对跨国企业绿色创新产生显著影响。

面对外部不断施加的制度压力，跨国企业需要不断调整自身的应对策略以最大化地规避风险和保持自身利润。现阶段当跨国企业面临制度压力时，往往会采取三种策略来缓和压力对其的影响，这三种策略分别为顺从、脱钩和制度创新。而跨国企业对这三种策略的选择往往取决于跨国企业内部资源的储备情况和东道国政治不确定性的严重程度（Regnér et al.，2014）。而环境制度压力对跨国企业的影响主要体现在以下的四个假说方面："污染天堂假说"（pollution haven hypothesis）、"污染光环假说"（pollution halo hypothesis）、"逐底竞争假说"（race to the bottom hypothesis）和"波特假说"（Porter hypothesis）。这四个假说从不同方面反映了跨国企业应对环境制度压力的方式，表明环境制度压力会显著影响跨国企业的战略导向和重构。

整体而言，环境制度压力会对跨国企业产生十分显著的影响，这将显著影响跨国企业的战略导向和重构。一系列的研究也表明，与环境和谐共存的可持续绿色发展模式是跨国企业发展壮大的内在要求和必然选择。在这种背景下，跨国企业绿色知识水平的重要性也越发凸显，这是因为跨国企业所拥有的绿色知识在很大程度上影响着跨国企业自身的绿色创新能力。跨国企业具有一定的特殊性，由于现实中国际贸易存在不公平的现象，跨国企业与环境的互动关系更为复杂。此外，相较于普通企业，跨国企业内部的知识转移等所造成的母国优势又使其子公司往往受到母公司绿色知识水平的影响和制约。对于跨国企业来说，母公司所具备的绿色知识水平往往决定了子公司的绿色创新能力。随着近年来中国政府愈加注重环境保护与可持续发展，中国国内的环境规制所带来的环境制度压力对跨国企业来说也愈发增大，在这样的整体背景下，环境制度压力对跨国企业在国际市场上的重构会产生什么样的影响？这种影响的具体过程和机制是什么？此外，母公司的绿色知识水平是否会对制度压力影响下的跨国企业重构产生一定的调节作用？

鉴于这些问题对了解环境制度压力影响跨国企业的具体过程和机理具有重要意义，本书将制度压力与跨国企业双元重构之间的关系作为重点研究问题，并引入跨国企业绿色知识水平作为调节变量，从不同层面系统地分析了制度压力对跨国企业双元重构的影响过程；探讨了该影响的内在机制，并分析了跨国企业绿色知识水平在其中起到的重要作用；深入分析了跨国企业通过对自身包括战略在内的管理的系统提升来实现经济效益、环境效益和社会效益等综合价值最优化的路径。

1.1.2 研究意义

本书将从绿色制度压力、跨国企业双元重构以及跨国企业绿色知识三个方面出发，系统分析制度压力对跨国企业双元重构的影响以及跨国企业绿色知识水平在其中起到的调节作用。

1.1.2.1 理论依据

本书主要研究了不同类型的绿色制度压力对跨国企业双元重构（创新和外包）的潜在影响效应和机制，以及跨国企业自身绿色水平在其中所起到的调节作用。由于制度压力的概念、来源与分类较为宽泛，本书的制度压力只考虑了绿色信贷政策、地方政府工作报告中的环境词频以及新《环境保护法》三种，它们分别是绿色金融制度、地方政府绿色关注度以及国家层面可持续立法中比较有代表性的具体制度。我们选取这些有代表性的制度，以期能够以小见大，以相关具体案例来定量化分析并佐证相关理论的抽象命题，这也是为什么我们只选取了其中具有代表性的三种具体制度的原因。

已有的研究对政府绿色制度压力以及跨国企业如何应对制度压力等方面的分析较为笼统，对制度压力影响跨国企业双元重构的具体细节以及影响机制关注较少。此外，跨国企业双元重构这一概念太大，存在多种衡量方式，而以往研究往往仅从单个方向或层面分析了压力对跨国企业行为的影响，这不足以对制度压力影响跨国企业重构的内在逻辑进行全方位的支撑。本书按照跨国企业双元重构的概念（利用式创新和探索式创新），将跨国企业双元重构定义为跨国企业污染外包（对应利用式创新）和跨国企业绿色知识与绿色创新（对应探索式创新），双元重构的概念实际是对看似有矛盾的两个方面进行重新构建和融合，而污染外包和绿色知识与绿色创新能够将这种矛盾具象化，因此这种定义方式不仅更加贴合双元重构的概念与分类，同时也能帮助我们更加直观地对双元重构进行定量化分析。同时，现有研究往往只关注制度压力对跨国企业绿色创新或对跨国企业双元重构之间的影响，鲜有研究将三者结合起来，并将跨国企业自身绿色知识水平作为调节变量对三者之间所存在的潜在影响过程进行系统性分析。因此，本书试图从理论方面入手，通过全面系统地分析三者之间可能存在的相互作用及过程，理解跨国企业的环境影响的前置机制和效应，这对于了解跨国企业在面对外部环境变化的行为模式和响应方面具有重要意义，同时为理解制度压力影响跨国企业双元重构的机理以及跨国企业绿色知识水平在其中起到的调节作用提供了理论支撑。

1.1.2.2 实践意义

本书引入跨国企业绿色知识水平作为调节变量来研究制度压力对跨国企业双元重构影响的变化，丰富了制度压力与跨国企业双元重构之间的关系研究，也使得我们能够定量地对比研究不同种类的环境制度压力对跨国企业所产生的差异性影响。此外，本书将环境制度压力分别用绿色金融制度、地方政府绿色关注，以及国家层面可持续立法来指代，通过具体案例来佐证相关理论的抽象命题，丰富了不同层面（金融层面、地方政府层面以及中央立法层面）制度压力差异化影响跨国企业双元重构的过程的研究。同时，研究结果能够帮助我们更好地了解不同层面的制度压力对跨国企业所造成的差异化影响，以及跨国企业面对不同层面的压力与困境时更趋向于利用何种方式进行应对。研究结果不仅能够为跨国企业如何应对制度压力提供理论层面的帮助，还能够为政府制定更合适的政策以帮助跨国企业应对制度压力提供决策参考。

1.2　研究思路、内容及方法

1.2.1　研究思路

本书将围绕制度压力、绿色知识以及跨国企业双元重构之间的关系进行分析与研究。首先，从跨国企业角度分析了绿色信贷政策对于跨国企业污染外包和绿色创新的影响，在此基础上引入跨国企业母国绿色知识水平作为调节变量分析其调节作用。其次，将视角延伸至中国地方政府绿色关注度对跨国企业污染外包和研发投入的影响，以及跨国企业母国绿色知识水平在其中所起到的调节作用，探讨了来自地方政府的环境制度压力对跨国企业双元重构的影响。最后，从国家层面分析了新《环境保护法》对跨国企业双元重构的影响以及绿色知识水平的调节作用，探讨了来自国家整体层面的环境制度压力对跨国企业双元重构的影响。总体而言，本书从跨国企业角度、地方政府角度以及国家角度构建了一个系统性分析绿色制度压力对跨国企业双元重构以及战略行为的影响的分析框架，并将跨国企业自身绿色水平纳入该分析框架中，并基于相关结论给出政策建议。本书的研究思路如图 1-1 所示。

1.2.2　研究内容

本书将制度压力和跨国企业双元重构之间的关系作为重点研究对象，分析了在可持续发展的大背景下，外部存在的制度压力与跨国企业行为模式和战略制定之间的相关性以及内在影响机制。此外，本书还引入了跨国企业绿色知识水平作为调节变量并给出实证支持。本书的主要内容研究框架如图 1-2 所示。

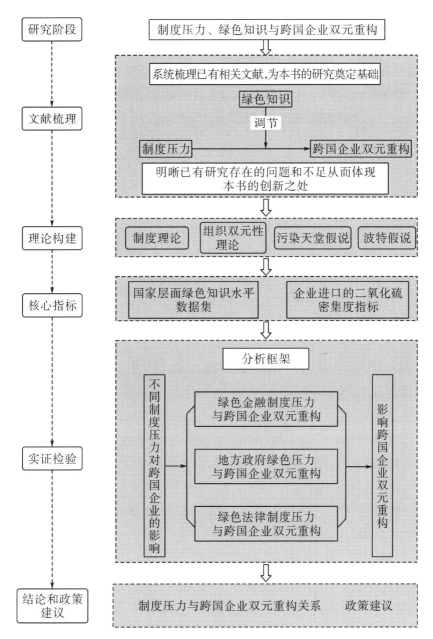

图 1-1 本书的研究思路

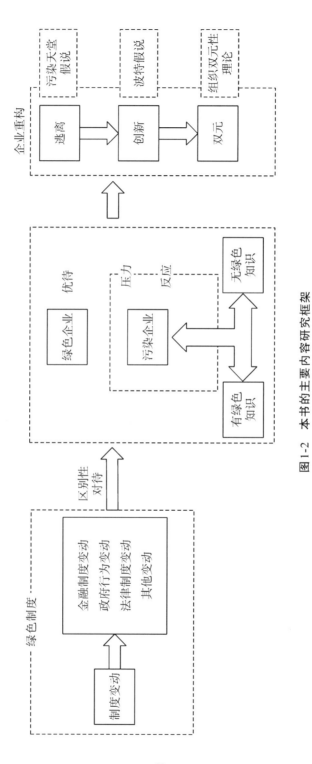

图 1-2 本书的主要内容研究框架

关于制度压力的选取方面，本书主要聚焦于绿色制度的制度演进中发生的变化带来的研究场景变动对于跨国企业双元重构的影响，因此本书分别选取了金融制度变动、政府行为变动和法律制度变动来研究不同绿色制度背景下的制度压力对跨国企业双元重构的影响。其中，金融制度对应的是绿色信贷政策，政府行为对应的是地级市政府绿色关注度（地级市政府工作报告中的环境词频），法律制度对应的是新《环境保护法》。

我们将本书的被研究对象——跨国企业分为绿色企业与污染企业两类，其中污染企业又被分为有绿色知识的跨国企业与没有绿色知识的跨国企业，我们的研究主要关注跨国企业应对绿色制度压力时的重构行为。

本书还从不同维度对跨国企业双元重构进行了构造。我们分别从逃离、创新以及双元重构三个方面对跨国企业的重构行为进行划分。其中，逃离对应"污染天堂假说"，创新对应"波特假说"，而双元重构则对应组织双元性理论。对于跨国企业逃离行为，我们从跨国企业污染外包的角度对跨国企业重构进行分析，当跨国企业面对环境规制的冲击时，为了降低成本，跨国企业选择逃离当地的环境规制，进行污染外包，因此污染外包代表了跨国企业重构行为中跨国企业逃离层面的行为，它是跨国企业被动的选择，该选择与"污染天堂假说"的内容相对应。对于跨国企业创新行为，我们从跨国企业研发投入的角度分析了跨国企业重构，即跨国企业在面对严格的环境规制时，选择进行绿色创新，从而降低其面临的合规成本，跨国企业研发投入代表了跨国企业重构行为中跨国企业创新层面的行为，它是跨国企业的主动选择，该部分研究对应了"波特假说"的内容。对于跨国企业双元重构行为，我们将跨国企业双元重构解构为污染外包和绿色创新两个方面，这表明当面对严格的环境规制时，跨国企业不仅会选择进行污染外包，同时还会加大自身研发投入，以期从两方面缓解自身面临的制度压力，这代表了跨国企业重构中逃离和创新相结合的行为，这一点与组织双元性理论相对应。

基于此，本书的研究内容包括 7 章。第 1 章为绪论；第 2 章为文献综述；第 3 章为数据和核心变量；第 4 章为绿色金融制度压力与跨国企业双元重构；第 5 章为地方政府绿色制度压力与跨国企业双元重构；第 6 章为绿色法律制度压力与跨国企业双元重构；第 7 章为结论、政策建议与研究局限及展望。本书各章的具体安排如下：

第 1 章为绪论，主要介绍了本书的研究背景与意义、研究思路、研究内容与研究方法，最后简要总结了本书的创新点。

第2章为文献综述，主要从四个方面对已有文献进行了回顾。第一，回顾了制度演化与制度压力对跨国企业影响的已有研究；第二，对跨国企业战略调整和双元重构的定义、驱动机制和影响因素等进行了回顾；第三，对跨国企业绿色知识与绿色创新能力可持续发展的相关文献进行了综述；第四，基于本书所研究的内容，对现有文献中有关制度压力、跨国企业双元重构以及跨国企业绿色知识与绿色创新部分的研究进行概述与总结。

第3章主要介绍了本书的数据和核心变量（国家层面绿色知识水平）。在本书中，国家层面绿色知识水平主要利用国家层面总的绿色专利数据来定量表示。3.1主要介绍了国家层面绿色知识水平的主要数据来源以及计算方法。3.2对利用该方法计算出的全球的绿色知识整体变化特征与趋势以及国家层面的人均与整体绿色知识的分布特征进行了简要的分析。

第4章对绿色金融制度压力与跨国企业双元重构这一问题进行了分析。本章将外部绿色制度压力具象化为绿色金融制度所带来的压力与影响。4.1为研究背景，从绿色信贷指引、环境风险的测量、跨国企业污染外包以及绿色金融制度压力对跨国企业绿色创新的影响四个方面进行了文献综述与回顾；4.2主要介绍了制度背景、相关理论与研究假设；4.3对数据来源和模型设置进行了简要介绍；4.4为实证分析部分；4.5为本章小结。

第5章分析了地方政府绿色制度压力对于跨国企业双元重构的影响。本章选择地级市政府工作报告中的环境词频作为绿色制度压力来源。5.1为研究背景，从跨国企业研发投入的影响因素、政府行为对跨国企业研发投入的影响、跨国企业内部的知识转移以及政府绿色制度压力对跨国企业污染外包的影响四个角度做了文献综述；5.2为制度背景、理论与研究假设；5.3对数据来源和模型设置进行了简要介绍；5.4为实证分析部分；5.5为本章小结。

第6章主要研究了绿色法律制度压力对跨国企业双元重构的影响。本章中，外部绿色制度压力主要源于新《环境保护法》。此外，本章用污染外包和绿色知识水平两个方面来代表跨国企业双元重构，这对应了组织双元性理论。6.1为研究背景，从中国环境法、中国环境规制对跨国企业绿色创新的影响以及环境规制对跨国企业污染外包的影响三个方面做了文献综述；6.2为制度背景、理论与研究假设；6.3介绍了本章研究的数据来源和模型设置；6.4 呈现了本章研究的实证结果；6.5 为本章小结。

第 7 章为研究结论、政策建议与研究局限及展望。

1.2.3　研究方法

（1）文献分析法。文献分析法是指通过收集某方面的文献资料并对其进行整合研究，最终明晰研究对象的性质与状况并从中引申出自己的观点的一种分析方法。文献分析法有利于调查者形成关于研究对象的一般印象，并把握研究对象的历史动态，最终得出属于自己的观点。文献分析法的主要内容包括以下三点：①对查到的相关档案资料进行归纳整理及分析；②对收集到的个人传记、笔记和日记等进行分析；③对收集到的文献、书籍等进行研究。

（2）文本分析法。文本分析法是指从文本的表层含义出发并对文本内容进行深入挖掘，得到文本的深层含义，从而发现文本内容所表述的深层意义。文本分析法主要包括"新批评"法、文化研究法以及互文法等。"新批评"法是指通过细读从文本中得出那些语言的非日常化运用方法。文化研究法则将视角转向与当代消费社会的当下语境，将大众文化（包括电视、广告、娱乐等）也纳入研究的范围，同时也更注重对于意识形态的分析。互文法则结合文本和现实社会进行内容分析。

（3）倍差法。倍差法源自计量经济学的综列数据模型，是政策分析和工程评估中一种广泛使用的计量经济方法，其主要运用于混合截面数据集中，用来评价某一事件或政策的影响程度。该方法的基本思路为将调查样本分为作用组和对照组两组，根据在政策或工程实施前后两组中某个指标的变化量差异来评估政策或工程的影响。常见的倍差法分为双重倍差法和三重倍差法两种。

（4）工具变量法。在模型设定中可能存在反向因果问题，因此采用生成工具变量的方法。工具变量法是经济统计学中的常用方法，它可以有效地解决模型的内生性问题。工具变量法的具体定义为：构建一个变量作为模型中某随机解释变量的工具变量，与模型中其他变量一起构造出相应参数的一个一致估计量。

1.3　本书创新点

本书可能的创新点主要表现在以下几个方面：

（1）理论视角创新。从制度理论和跨国企业内部生产链条的细分视角对跨国企业行为模式进行了崭新的分析，在理论上构建了在华跨国企业和中国新兴跨国企业的绿色行为选择模式，实现了"污染天堂假说"和"波特假说"的理论融合。现有的理论往往立足于跨国企业在"污染天堂假说"下的区域选择模型，或者是基于"波特假说"强调跨国企业在绿色制度下的跨国企业转型升级问题，但未关注跨国企业内部价值链的全球重置和转型升级同时发生的情况。本书将制度理论、"污染天堂假说"、"波特假说"、组织双元性理论等多个理论进行综合，以制度理论为核心，将跨国企业的战略行为选择纳入中国绿色制度演进中，从金融制度、政府行为和法律制度三个维度，关注绿色制度压力对跨国企业的行为影响。同时，本书将跨国企业母国绿色知识水平和跨国企业自身绿色知识水平作为重要的调节变量，进一步区分了不同绿色知识水平的跨国企业在制度压力下绿色战略重构的不同模式，为后续研究提供了重要的理论创新。此外，本书的另一重要创新点是，在制度理论的核心视角下，创新性地融入了跨国企业的全球价值链内容。以往关于全球价值链在国际商务中的应用较少，而本书加入了关于跨国企业内部价值链的全球重置和转型升级的情况，将跨国企业的全球价值链融入时代背景，进而引出跨国企业污染外包和绿色创新的双元性理论，实现了理论视角创新。

（2）指标测度创新。以往对于跨国企业全球重构行为以及跨国企业绿色知识水平差异的研究不足，除了理论讨论不足之外，更重要的是缺乏对相关概念的可靠测量和代理变量，无法从大样本数据中得到可靠的经验证据来对相关理论命题进行验证和发展。针对这一问题，本书创新地构建了能够代表跨国企业全球重构行为和绿色知识水平的两大指标。首先，在跨国企业全球重构行为方面，本书立足跨国企业的全球化生产，将中间品进口行为作为跨国企业全球污染外包生产协作的测度，并创造性地测度了不同中间品生产过程中的二氧化硫（SO_2）排放水平，从而有效识别了跨国企业生产环节层面的污染水平，为研究跨国企业污染生产环节的转移奠定了基础。在此基础上，本书将进口来源国区分为不同的环境规制国家，进一步验证了在华跨国企业向其他低环境规制国家重置生产环节的过程。其次，在绿色知识水平方面，以往的研究往往选用跨国企业自身所具备的绿色专利数来衡量跨国企业绿色知识水平。然而这种衡量方法对于跨国企业来说容易忽略跨国企业母国绿色知识水平对跨国企业自身绿色知识水平的影响，同时也容易忽略跨国企业内部知识转移所带来的"母国优势"。鉴于此，本书分别构造了国家层面绿色知识水平和跨国企业层面绿色知识水平，为区分不同绿色知识水平的跨国企业提供了参考。

（3）研究方法和数据的创新。本书在国际商务的研究中，整合了可持续发展与生产链和价值链的相关文献，对在华跨国企业和中国新兴跨国企业进行微观实证研究，并综合运用了倍差法和工具变量法来获得较为可靠的经验证据，发现了在华跨国企业和中国新兴跨国企业典型的全球重构现象，并引入了大量的新数据开展研究。本书整理了全球绿色知识数据，识别了 6 位 HS 代码层面的中间品的生产环节的污染排放水平，整理了以跨国企业为主体的微观数据库。这些创新一方面使得本书的研究在一定程度上能够对现有的国际商务理论研究有启发意义，另一方面也为后续的相关问题的案例研究提供了可以对照的二手数据。

2 文献综述

本书对于目前国内外关于制度压力、绿色知识与跨国企业双元重构的研究主要从以下三个方面进行了分类阐述：其一，从制度演化以及制度压力对跨国企业所产生的影响方面进行回顾。本部分从政治制度压力和环境制度压力两个方面入手，对制度的来源和演化以及制度压力影响跨国企业行为发展模式的过程进行了总结与回顾，以期对目前跨国企业对环境制度压力的反馈形成一个较为全面且完整的认知。其二，对跨国企业的战略调整和双元重构的相关研究进行总结，从跨国企业层面来分析在面对外部因素的变化时跨国企业调整其国际活动，进而实现双元重构的方式；其三，对跨国企业绿色知识与绿色创新进行较为全面的界定与分析，了解其在跨国企业战略制定与调整之间所起到的调节作用。在此基础上，本书通过回顾和总结已有文献，对当前研究中遗漏的部分进行整理分析，从而提出研究假设并进行验证。

2.1 制度演化与制度压力

2.1.1 制度压力的定义及分类

近年来，随着经济全球化的发展，大部分跨国企业的国际活动呈现出明显活跃的趋势。为了与市场建立起更多的联系并使得部分活动内部化，对外交流、扩张与投资成为跨国企业在其他国家进行事业扩展的重要方式。研究表明，跨国企业的 FDI 可以减少跨国企业成本并丰富其所具备的国际化经验（Blonigen，2005）。然而，跨国企业在对外扩张与发展的过程中，不可避免地会受到制度环境的影响（DiMaggio et al.，1983）。制度环境不仅决定了跨国企业的经营理念，而且还能够迫使跨国企业遵守外部的规则、规范（Oliver，1991）。

外部制度环境对于跨国企业的显著影响衍生出一个新的名词：制度理论。制度理论认为，跨国企业的组织结构和行为模式在很大程度上是由周围环境决定并合法化的（Child，1997），因此外部环境会对跨国企业的组织行为产生显著压力和重大影响（DiMaggio et al.，1983；Scott，2005）。制度理论主要侧重于内部和外部制度对跨国企业施加的压力。

制度理论所带来的压力（又称制度压力）会对跨国企业产生显著影响。目前的研究将制度压力主要分为以下三种类型：强制压力、规范压力和模仿压力（DiMaggio et al.，1983；Zhu et al.，2007）。其中，强制压力主要源于政府机构制定的法律法规（Prajogo et al.，2012），即跨国企业必须遵守法律法规才能获得政府授予的合法性。规范压力主要源自客户和非政府组织等其他利益相关者（Berrone et al.，2013），主要包括与符合社会伦理标准密切相关的价值观和规范（Zhang et al.，2015）。模仿压力则主要来自跨国企业自身的竞争对手，为了应对商业环境中的不确定性，跨国企业往往会模仿竞争对手的行为以获得合法性及额外收益（Li et al.，2013）。虽然这三种制度压力往往同时起作用，但它们对跨国企业却存在着不同程度的影响，并且它们与绿色创新的相关性因外部环境存在显著差异。研究表明，相较于竞争对手，强制代理人（如政府机构等）和规范代理人（如非政府组织等）才是真正影响跨国企业环境行为的相关主体（Buysse et al.，2003；Scott，2005）。

除了以上分类方法外，也有学者将制度压力分为外部制度压力和内部制度压力两种（Oliver，1991；Kostova et al.，2002）。其中，外部制度压力的主要来源包括政府、监管机构、利益集团和公众舆论等（Oliver，1991），而内部制度压力则主要源自跨国企业自身。

对于跨国企业自身内部制度压力的研究表明，一个组织的内部制度环境通常取决于组织的内部特征、组织结构和管理风格，如跨国企业的战略决策结构等（Oliver，1991）。其中，跨国企业的战略行动往往受到跨国企业传统文化所产生的惯性影响（Stopford，2003）。跨国企业的内部组织结构可以迫使跨国企业重复它们以前的战略行动，或做出符合跨国企业发展的战略决策，这也会影响新环境背景下的跨国企业绩效（Weick，2001）。因此，跨国企业的制度化规范通常被视为组织必须面临的压力（Vermeulen et al.，2007），这些内部压力亦会影响跨国企业的所有权模式选择，并鼓励它们不要脱离已知的、公认的和有较多经验的传统模式。因此，跨国企业在扩张过程中有望重复它们所熟悉的投资与发展战略（Tallman，1991）。

跨国企业除了面临自身内部制度环境所带来的内部制度压力外，还面临着东道国制度环境所带来的外部制度压力。基于 Scott（1995）的制度分类，东道国制度环境对跨国企业战略的影响被分为规制（对应强制压力）、规范（对应规范压力）和认知（对应模仿压力）三个维度（Kostova et al.，2002）。这些不同类型的制度压力也会对跨国企业的扩张以及所有权模式的选择产生不同的影响（Ferreira et al.，2009）。

2.1.2 制度压力对跨国企业的影响

已有研究表明，外部制度环境会对跨国企业的行为产生强制性影响，这种影响的一个主要来源是国家机构的环境规制要求（Bada et al.，2004）。此外，这种外部强制性压力也可能来自现代社会中的主导期望，这些期望得到了社会法律体系的支持和维护（DiMaggio et al.，1983；Mezias，2002）。在存在有效的制度环境的背景下，跨国企业可以很容易地观察和遵循制度环境的规制要求，如监管规则和监管条例等（Gaur et al.，2007），这表明来自东道国的外部监管能够降低跨国企业从法律体系中获得法律保护的不确定性（Gelbuda et al.，2008）。即便如此，外部的监管机构对于跨国企业来说也可能成为一个棘手的存在。一方面，法律法规建立了稳定的结构，以降低跨国企业面临的不确定性（Gaur et al.，2007；Gelbuda et al.，2008）；另一方面，东道国政府可以利用其监管和法律权力直接限制跨国企业的行为，或提供激励和引导以影响其行为模式（Grewal et al.，2002）。例如，政府甚至能够对跨国企业施加财务约束或所有权限制，来直接干预跨国企业的决策模式，最终影响跨国企业的预期收益（Henisz，2003）。因此，当跨国企业违反了法律规则，监管机构就能够对其施加强制性压力，这种压力可以迫使跨国企业采取某些组织策略并根据东道国政府的意愿限制跨国企业的行为（Henisz，2004）。这些研究均表明，制度压力能够显著影响跨国企业的行为模式和战略制定，其中最容易受到影响的是跨国企业的 FDI 战略。

目前，大部分的研究均表明外部制度的限制和压力会对跨国企业在 FDI 的战略选择方面产生重要影响（Meyer，2004；Roy et al.，2009）。例如，东道国法律环境及法制观念会对国际合资跨国企业（IJV）合作伙伴的选择标准产生正向影响；同时，会对其与合作伙伴之间的拨款和协调成本等方面产生负向影响（Roy et al.，2009）。另外，地方保护主义趋势的加剧（如贸易摩擦、英国脱欧等），也会导致制度压力进一步影响跨国企业的稳定和发展。为了减少外部制度压力对跨国企业所造成的负向影响，Oetzel 和 Miklian（2017）认为跨国企业应该考虑从源头降低风险，而不是在风险发生时试图规避或应对风险。鉴于此，跨国企业地方子公司管理层对于政治风险的感知能力及其能否合理调整运营管理策略来降低或规避此类风险就显得至关重要。De Villa 等（2019）分析了东道国市场的制度环境如何影响跨国企业管理层对跨国企业政治活动（CPA）的选择和部署。结果表明，若跨国企业管理层感知到东道国政治风险较高时，决策者可能会选择逃避与东道国政府的接触以规避风险。这种感知不仅来自公共政治风险评级，也取决于其母国和东道国政府的关系。此外，鉴于政治风险认知的差异会在合法的范围内产生不同的政治目标，跨国企业子公司决策者往往会通过调整其供应商发展战略来实现这些目标（Charpin et al.，2021）。

目前，对于制度压力对跨国企业影响的研究主要集中在东道国政策制度压力对跨国企业的影响方面（Luo et al.，2019）。鉴于大部分跨国企业选择在新兴国家或新兴经济体进行投资，这引起了学术界的关注（Meyer，2004；Luo et al.，2019）。然而部分新兴经济体所在东道国政策稳定性较低，导致跨国企业将面临更高的风险和不确定性（Luo et al.，2019）。相较于私营跨国企业，国有跨国企业在东道国所承受的制度压力更为复杂。这些制度压力是由不同因素共同造成的，如部分国家会对"国家所有制"这一制度的合法性感到质疑，这种质疑往往来自国家之间意识形态的冲突、对国家安全的威胁以及由于母国政府的支持而可能产生的不公平竞争等因素（Meyer，2004）。也有部分研究利用制度理论解释了跨国企业如何受到国家干预等制度的约束（Cui et al.，2012；Delevic et al.，2017）。如 Cui 和 Jiang（2012）研究了跨国企业在进入国外市场的过程中对外部制度流程的异质性反应，同时也考虑了政治因素对其的影响。Delevic 和 Heim（2017）则考虑了社会福利政策对跨国企业 FDI 的潜在影响。部分研究则给出了一系列建议来应对东道国政策制度压力对跨国企业的影响。如 James 和 Vaaler（2018）建议跨国企业接受少量的国有控股来缓冲政策的不稳定性。Rana 和 Sørensen（2021）则认为跨国企业子公司可以促使那些存在制度空白的东道国完善其国际化进程中的制度创新。

当面对外部制度压力时，跨国企业往往会采取三种策略以减少压力对自身的负向影响，这三种策略分别是顺从、脱钩和制度创新。研究表明，这三种策略能帮助跨国企业有效地减轻政治风险，而这些战略的选择很大程度上取决于跨国企业内部资源的储备情况和东道国政治不确定性的严重程度（Regnér et al.，2014）。许多跨国企业采用的第一种策略是顺从东道国的政治压力（De Villa et al.，2019）。例如，在中国，国有跨国企业更有可能顺应政府 FDI 的要求（Clegg et al.，2018）。此外，部分跨国企业并未被动地适应东道国的环境，而是会选择与其价值观相近的国家或地区进行投资活动，如家族跨国企业更倾向于在政府支持一种家庭导向的意识形态的地区进行经营（Duran et al.，2017）。与之类似，来自具有高度政府自由裁量权（政府和监管机构可以单方面改变跨国企业在一国开展活动的条件的程度）的国家的跨国企业更有可能投资于具有类似政府自由裁量权的国家或地区（Fernández-Méndez et al.，2015）。第二种策略则是部分地与地方机构的要求脱钩。拥有更多内部资源和政治经验的跨国企业在应对东道国政治环境时更擅长使用这种策略（Fernández-Méndez et al.，2015）。采取脱钩策略的另外一个原因则是母国和东道国之间存在较大差异。在这种情况下，跨国企业不能简单地遵从母国或东道国的制度，而是必须谨慎地制定和使用母国和东道国制定的政治策略来平衡其不同的制度要求（Brown et al.，2018）。拥有最多内部资源和政治经验的跨国企业可能会选择第三种策略，即这些跨国企业利用其内部资源和政治经验改变了当地的政治环境（Lubinski et al.，2020；Zhu et al.，2020），从而使该地区的政治环境更适合自己发展。

本书的研究关注外部环境规制所带来的绿色制度压力，因此我们对绿色制度压力对跨国企业的影响进行了简要归纳与回顾。环境规制通常要求跨国企业对污染物进行减排活动，这可能会给跨国企业带来额外的成本，因此跨国企业、部门或管辖区之间的监管差异可能导致相对生产成本的变化，并产生直接成本差异。例如，欧盟排放交易体系（EU-ETS）对整个欧洲大约 12 000 个装置的碳排放量进行了监管，据估计，受监管公司在电力、水泥和钢铁等方面的平均材料成本（包括燃料）增加了 5% 到 8%（Chan et al.，2013）。相对成本的增加也可能是因为政策引起的投入成本变化带来的间接成本上升。例如，即使没有受到欧盟排放交易体系的直接监管，欧洲的电力消费者也将因电力生产商支付碳排放费用而面临更高的用电成本。因此，环境规制的差异可以通过改变跨国企业的相对生产成本来改变跨国企业之间的竞争。Pasurka（2008）的研究表明，不同国家和地区之间的环境规制的差异会导致污染减排成本的较大差异。2000 年，在欧洲、美洲和亚洲的 9 个国家和地区中，用于减少污染的制造业资本支出所占比例在 1%~5%浮动。就不同行业的变化而言，纸浆和造纸、钢铁和炼油等污染密集型行业为遵守环境规制所产生的减排成本通常较高。例如，在美国，2005 年上述污染密集型产业的减排成本约占其营业额的 1%，而同期所有制造工厂的减排成本占比平均值为 0.4%（Ferris et al., 2014）。因此，不对称的环境规制会引起相对生产成本的变化（一阶效应）并引发跨国企业的不同反应。跨国企业可以调整其产出或投资额（二阶效应）。例如，跨国企业可能决定吸收增加的生产成本并将其转嫁给消费者。同时，这些跨国企业对政策的反馈会反过来影响经济、技术、国际和环境维度的结果（三阶效应）。这些影响并非单向的，而是存在多种联系和动态反馈的（Dechezleprêtre et al., 2017）。

2.1.3　绿色制度压力对跨国企业的影响

自 20 世纪 70 年代中国的首个环境规制提出以来，关于环境规制是否会对跨国企业的潜在竞争力产生影响便在学术界引起了广泛的关注。目前关于环境制度对跨国企业的影响假说主要有四种："污染天堂假说""污染光环假说""逐底竞争假说"和"波特假说"。

"污染天堂假说"认为环境规制会影响 FDI 的流动，因为部分跨国企业会意识到其在与较为严格环境制度的国家或地区的跨国企业的竞争中存在着竞争劣势（Walter et al., 1979；Erdogan, 2014）。所以，上述跨国企业更倾向于在环境规制不太严格的国家或地区进行投资以抵消此类劣势所带来的影响。这一假说认为跨国企业在选择海外投资地点时，对于成本的考虑至关重要（Rezza, 2015）。因此在做出这一决定时，跨国企业很容易被发展中国家所吸引。因为发展中国家环境规制的要求不那么严格（Cole et al., 2017）。有趣的是，虽然这部分文献具有扎实的理论基础，但根据 Rezza（2015）的研究，关于"污染天堂假说"的实证研究尚未达成共识。

由"污染天堂假说"可知，严格的环境规制会使本国污染密集型产业流向环境规制不那么严格的国家或地区，从而改变了工业生产的空间分布及随后的国际贸易流向。尤其是对于那些坚定地支持严格环境规制方案的国家来说，它们为了实现大幅度减少污染排放所进行的努力有可能使本国的污染密集型生产商在全球经济中处于竞争劣势。为了更好地了解环境规制的地域差异及强度差异对于跨国企业竞争力的某些关键因素（包括贸易、行业地位、就业前景、生产率和创新等方面）的影响，大量学者对其进行了分析与探讨。Jaffe 等（1995）分析发现，相对较少的证据表明环境规制会导致跨国企业竞争力的重大损失。然而在过去的几十年间，全球范围内环境规制政策及高质量数据的增加，研究人员能够对不对称环境规制对经济的影响的实证分析进行改进并对 Jaffe 等人的结论进行验证。结果表明，在同一环境规制背景下，跨国企业竞争力的差异主要源于政府对同一市场竞争的实体（如公司或部门）所采用的规制严格性的差异或不对称。如果两个竞争公司面临相同程度的环境规制，那么环境制度对其竞争力的影响将不再是问题。

与"污染天堂假说"相反，"污染光环假说"则认为，跨国企业在东道国的工业投资中更倾向于传播绿色技术，并通过采用统一的环境标准，有利于东道国的节能减排（Eskeland et al.，2003）。

目前有部分研究表明，"污染天堂假说"和"污染光环假说"可能同时存在。首先，来自环境保护较好国家的跨国企业对更严格的环境规制并不敏感，相反来自环境保护较差国家的跨国企业会对更严格的环境规制敏感。因此，跨国企业对环境的敏感程度往往取决于母国环境规制的强度（Cai et al.，2016）。其次，不同类型的 FDI 产业也带来不同的环境后果。对于一些污染排放严重的产业，可能会产生"污染天堂假说"；对于另一些更加环保的产业来说，可能会产生"污染光环假说"（Liu et al.，2018）。

"逐底竞争假说"则认为，在贸易自由化的背景下，各国会通过降低环境标准来提高其产业竞争力（Kim et al.，1997）。部分学者通过对样本进行研究，证实了该假设的存在（Rasli et al.，2018）。部分研究表明，"逐底竞争假说"可能只存在于发展中国家，因为对环境方面实施高标准的国家（通常是发达国家）通常不会为国际产业竞争而降低本国环境标准（Eichner et al.，2018）。

"波特假说"则认为环境保护和经济效益之间能够形成双赢的局面（Porter，1991），即适当且有效的环境规制能够激励跨国企业进行创新并提高生产力，从而抵消由环境规制带来的额外成本，甚至能够为跨国企业带来更多盈利的可能。"波特假说"又被分为三部分："弱波特假说"（Weak Porter Hypothesis），"强波特假说"（Strong Porter Hypothesis）以及"狭义波特假说"（Narrow Porter Hypothesis）（Jaffe et al.，1997）。"弱波特假说"仅指出恰当的环境规制对跨国企业的创新活动具有刺激作用。"强波特假说"则关注这种刺激作用导致的收益能否覆盖环境规制导致的额外成本、从而提升跨国企业的竞争力。"强波特假说"认为，这种收益最终能够超过跨国企业应对环境规制所花费的额外成本并为跨国企业带来收益，最终提升跨国企业的竞争能力。与前两者不同，"狭义波特假说"的重点在环境规制性质的探讨上，该学说认为，相较于命令型的环境规制，灵活的环境规制更具有激励作用。基于此，众多学者更倾向于研究基于市场机制的环境规制。例如，Ren 等（2018）通过研究中国区域发展水平差异和环境规制类型之间的关系，发现在经济发展水平较高的东部地区实施以市场机制为基础的环境规制更加有利于市场主体效率的提升和竞争能力的提高。因此，环境规制的类型、强度等因素都会对该国国际贸易中的贸易条件和竞争水平产生影响，从而影响该的国际贸易流向和结构。

2.1.4 中国环境制度的发展与演化

本书主要关注中国绿色制度压力对于跨国企业的影响。在本节中，我们对中国环境制度的发展和演化过程进行了回顾与总结。为了更清楚地反映中国环境法制的发展历程，我们将中国环境法制发展历程中影响较为深远且具有重要意义的事情按照时间线进行回顾（见表 2-1）。1973 年 8 月，第一次全国环境保护会议在北京召开，会议审议通过《关于保护和改善环境的若干规定（试行草案）》，并确立了环境保护的 32 字方针。次年，国家建设委员会环境保护办公室成立，专门负责环境保护相关政策与法规的制定。在它们的组织下，国家先后发布了《工业"三废"排放试行标准》《生产饮用水卫生标准（试行）》《渔业水质标准（试行）》等一系列环境规制。1978 年 3 月 5 日，第五届全国人大一次会议通过了第三部《中华人民共和国宪法》（七八宪法），并首次在宪法中明确了国家的环境保护职责，为环境立法提供了宪法依据。1979 年 9 月，中国首部环境保护法律《中华人民共和国环境保护法（试行）》颁布，这表明中国环境保护立法体系初步建立（吕忠梅 等，2019）。1982 年，中国首次以宪法形式确认了

"生态环境"的概念。1989 年，经过十年的发展，全国人大常委会审议通过《中华人民共和国环境保护法》（以下简称"旧《环境保护法》"）。自此，试行法变为正式的法律。1989—2013 年，围绕旧《环境保护法》，中国颁布了一系列的生态环境类法律法规以及国家标准，逐渐形成了中国的环境立法体系。2014 年，国家对旧《环境保护法》进行了修订，生成了更为规范的新《环境保护法》，而 2018 年生态文明入宪更是开启了中国环境法制发展历程的新篇章。

表 2-1　中国环境法制发展历程

时间	事件
1973 年 8 月	第一次全国环境保护会议审议通过《关于保护和改善环境的若干规定（试行草案）》
1974 年	国家建设委员会环境保护办公室成立
1974 年 1 月	《工业"三废"排放试行标准》试行
1976 年	《生产饮用水卫生标准（试行）》发布
1978 年 3 月 5 日	首次在宪法中明确了国家的环境保护职责，为环境立法提供了宪法依据
1979 年	《渔业水质标准（试行）》发布
1979 年 9 月	《中华人民共和国环境保护法（试行）》颁布
1982 年	首次以宪法形式确认了"生态环境"的概念
1979—1989 年	制定环境类单行法近 20 部
1988 年	国家环境保护局独立成为国务院副部级直属机构
1989 年	全国人大常委会审议通过《中华人民共和国环境保护法》
1998 年	国家环境保护局改名为国家环境保护总局
2008 年	国家环境保护总局改组为环境保护部，成为直接参与政府决策的组成部门
1989—2013 年	制定环境保护综合类法律 4 部，环境污染防治类法律 6 部，自然资源与自然（生态）保护和开发利用类法律 13 部，促进清洁生产与循环经济类法律 2 部，能源合理开发利用类法律 2 部。国务院制定了 60 余部环境行政法规，国务院主管部门制定了 600 余部环境行政规章，颁布国家环境标准 1 200 余部
2014 年 4 月	对 1989 年制定的旧《环境保护法》进行了全面修订
2018 年 3 月	生态文明入宪

综上所述，跨国企业的组织结构和行为模式在很大程度上是由周围环境影响和决定的。严格的环境规制会对跨国企业的战略决策和部署产生影响。目前，跨国企业为了应对东道国环境制度压力往往会采取三种策略：顺从、脱钩和制度创新。而在面对严格的环境规制时，跨国企业可能会使本国污染密集型产业流向环境规制不那么严格的国家或地区，抑或使跨国企业有动力进行创新活动来提高生产力，从而抵消由环境规制产生的额外成本。这些都说明制度压力能够从不同层面影响跨国企业的一系列战略决策。因此，了解制度压力对跨国企业的影响能够更全面地了解两者之间存在的动态关系，从而为厘清制度压力、绿色知识与跨国企业双元重构打下坚实的基础。

2.2 跨国企业的战略调整与双元重构

2.2.1 跨国企业战略调整的定义及驱动机制

跨国企业重构是指跨国企业以战略—结构—过程为理论基础，对跨国企业进行战略调整和结构重组。跨国企业重组后会在业务、财务和组织等方面进行改革。整体而言，跨国企业重构是一种从总体到局部的变革（毛蕴诗 等，1999）。跨国企业重构包含了业务重构、财务重构和组织重构三方面内容。其中，业务重构是指跨国企业通过调整其未来长期战略发展规划，进而通过放弃或兼并某些业务来谋求跨国企业更好的发展，即通过兼并、分立和剥离等一系列手段重新构造公司的业务组合。财务重构主要涉及对跨国企业资产、债务、红利及现金流结构等财务要素的调整，跨国企业通过财务重构可以获得两方面的好处：一方面可以减少投资低回报业务，另一方面可以促进业务集中。组织重构则是指对跨国企业结构和跨国企业制度进行变更以提高公司管理水平及效率。跨国企业的组织重构往往伴随着跨国企业规模的缩减，但它能够帮助跨国企业重新获得活力（毛蕴诗，2004）。

虽然跨国企业重构对跨国企业的发展存在一定程度的促进作用，但是在现实中跨国企业的革新往往会遇到两难的选择，即在利用式创新（exploitative innovation）和探索式创新（exploratory innovation）之间摇摆不定。前者是指利用并整合跨国企业现有的资源与技术对其进行升级来提升跨国企业的效率，后者则是指大力发展技术与创新，通过增强跨国企业的科技实力来提升自身竞争优势（焦豪 等，2019）。在这种情况下，双元重构（ambidexterity strategy）这一概念产生了。双元重构要求跨国企业不仅要充分利用现有资源，同时要加大研发投入，以确保未来的发展。

现有研究表明，双元重构存在以下三种主要机制：结构型双元、情境型双元和领导型双元（马浩，2022）。结构型双元是指跨国企业将内部不同部门进行拆分，让不同部门进行差异性探索与研究。情境型双元是指跨国企业通过不同的管理绩效构建不同的组织情境来影响员工，让不同的员工发挥各自主观能动性对跨国企业创新进行探索。领导型双元是指存在一位能够同时协调不同文化和结构的管理者，通过其管理活动使得跨国企业能够以最优方式进行创新探索（焦豪 等，2019）。

以上分析均表明跨国企业战略调整是跨国企业双元重构最主要、最直接的方式，因此其得到了学者们的广泛关注。跨国企业战略调整，即跨国企业在不同时间段内随着外部经济环境以及跨国企业内部资源的变化对跨国企业自身发展战略进行变更。目前，学术界对于战略调整的定义以及划分方式并未形成统一意见。Ansoff（1965）将跨国企业战略调整定义为跨国企业对于自身产品、市场及目标的再次选择，该定义基于跨国企业层面考虑了战略调整对跨国企业自身的影响。Rumelt（1975）则将战略调整定义为跨国企业对其产品营销及市场定位进行变更。Mintzberg（1978）则认为跨国企业的战略调整是跨国企业从根本上对跨国企业资源进行重组和整合。此外，也有学者将跨国企业战略调整定义为跨国企业对管理机制及价值观念进行变更及重塑（Barr et al.，1992），以及为应对外部环境变化所采取的应对措施（Snow et al.，1980）。

目前对于跨国企业战略调整的研究主要从其调整的内部驱动机制和外部驱动机制两个方面进行研究（孙林，2019）。内部驱动机制主要包含以下四部分：①对内部驱动机制自身的研究。研究表明，跨国企业战略调整的内部驱动机制存在程序规划式（procedural planning）、愿景领导式（vision leadership）以及引导学习式（inductive learning）三种形式（Mintzberg et al.，1992）。②对跨国企业战略调整与跨国企业收益之间的关系进行研究。研究表明，跨国企业收益会影响跨国企业进行战略调整的意向，跨国企业收益越低，进行战略调整的意愿就越强（Boeker，1997）。如相较于正常跨国企业，ST 跨国企业进行战略调整的效果更为显著（黎传国 等，

2014）。③跨国企业管理层特征对跨国企业战略调整的影响。如 Wiersema 和 Bantel（1992）发现，跨国企业高管的年龄层次、学历背景以及工作经历等会对跨国企业的战略调整产生重要影响。此外，跨国企业的经营期望落差、董事会特征、高管团队的异质性、CEO 自恋等特性都会对跨国企业战略调整产生一定影响（陈伟宏 等，2018；白景坤 等，2017；孟祥展 等，2018；吴建祖 等，2018）。④跨国企业的组织理论视角。Zajac 等（2000）讨论了跨国企业资源的变化对跨国企业战略调整的影响，并认为投入的"减速作用"有利于跨国企业的战略调整。李垣等（2004）则研究了跨国企业的结构特征、战略执行以及战略调整速度之间的关系。

跨国企业战略调整的外部驱动机制主要包含外部环境以及不同的外部环境因素对于跨国企业战略调整的影响这两方面内容。其中，外部环境与跨国企业战略调整的关系主要包括两个方面：①跨国企业本身无法适应环境，因此进行战略调整；②外部环境发生改变，导致跨国企业进行战略调整以适应外部环境的转变（孙爱英 等，2004）。关于外部环境与跨国企业战略调整之间的关系主要存在两种理论，分别为权变理论（contingency theory）和规制理论（institutional theory）。其中，权变理论的主要内容为跨国企业应当主动适应外部环境的变化，应当基于外部环境特征调整并构建与之相对应的跨国企业形式（Luthans et al.，1977）。而规制理论则主要强调了外部制度环境的规范化对于跨国企业战略调整的重要性。整体而言，权变理论更适用于外部环境变化较快的跨国企业，而规制理论则更加适用于环境管制程度较高的跨国企业（Miller et al.，1982）。此外，不同的外部环境因素（如政府政策、技术更新、行业管制、环保要求等）也会对跨国企业战略调整产生较为显著的影响。因为从供需关系角度看，外部环境因素不仅会影响人们对于产品或服务的需求，还会影响提供这些产品或服务的跨国企业的自身特性（Stinchcombe，2000）。如刘海潮和李垣（2006）发现，跨国企业面临的竞争压力与跨国企业战略调整幅度以及跨国企业绩效水平成正比。与之相对，袁靖波等（2018）则讨论了在管制放松后跨国企业战略调整和跨国企业绩效之间的关系。

2.2.2　环境规制对跨国企业战略调整的影响

除此之外，我们还对环境规制与跨国企业战略调整之间的关系进行了梳理与回顾。

随着全球气候变化以及污染的加剧，越来越多国家的政府开始认识到环境保护对于人类生存发展的重要性，因此各类关于环境保护的法律法规纷纷出台。同时，环境问题也成为影响跨国企业战略调整的重要外部因素之一。环境规制这一概念的产生就是为了解决环境问题对跨国企业所带来的影响。关于环境规制的内涵，学术界的认识经历了一个不断深化的过程。最初，环境规制被认为是政府为了干预环境资源利用而制定的强制性法律法规和政策，随着环境问题日益受到关注以及监管工具的不断发展，环境规制的内涵也在不断演变。环境规制包括激励性环境规制和自愿性环境规制两种。其中，激励性环境规制主要包括环境税、污染控制补贴（Yabar et al.，2013）、投入产出税（Féres et al.，2012）以及可交易排污许可证（Costa-Campi et al.，2017）等。自愿性环境规制，又被称为非正式环境规制，这一概念由 Pargal 和 Wheeler（1996）首次提出。他们认为当发展中国家的正式环境规制宽松或缺失时，许多团体会为了自身利益与当地污染跨国企业达成协议，减少污染排放。这一行为由非官方的个体所主导，故称其为"非正式环境规制"，这一概念的提出进一步丰富了环境规制的内涵。Kathuria（2007）认为，发展中国家正式环境规制的信息不对称使得发展中国家的正式环境规制在污染控制方面存在一定的局限性，从而强调了非正式环境规制在实现环境目标方面的重要性。Langpap 和 Shimshack（2010）调查了普通民众对环境污染事件的诉讼，得出的结论是，公众制裁和公众监督作为一种非正式的环境规制手段，在美国的水污染防治中发挥了至关重要的作用。赵玉民等（2009）认为，环境规制是以保护环境为目标，以有形系统或无形意识为形式的一种约束力。因此，环境规制又分为显性环境规制和隐性环境规制两种。其中，隐性环境规制是指环保理念、环保思维和环境意识等内在无形的环境认知。

与前文中提到的研究类似，部分学者从内部因素和外部因素的角度分别分析了促使跨国企业进行环境战略调整的内部和外部驱动因素。其内部驱动因素主要体现在三个方面：环境合规性、环境绩效和资源效率、组织和管理能力及意识（Heras-Saizarbitoria et al.，2011）。外部驱动因素则主要包括跨国企业需要获得第三方认证，以维护在客户、公共机构、当地社区、贸易协会和非政府组织等外部利益相关者心中的声誉（Daddi et al.，2011）。

了解跨国企业进行环境战略调整的驱动因素后，本部分对环境规制如何影响跨国企业的战略调整进行了回顾与总结。关于环境规制对跨国企业战略的影响研究主要有以下三个方面：①环境规制对跨国企业技术创新的影响；②环境规制对跨国企业对外投资的影响；③环境规制对跨国企业对外贸易的影响。因此本部分主要针对以上三个方面对相关文献进行梳理与回顾。

2.2.2.1 环境规制对跨国企业技术创新的影响

部分研究分析了环境规制和跨国企业技术创新之间的关系。面对日益严峻的环境问题和频繁出台的环境规制，技术创新成为跨国企业战略调整的重要组成部分。Magat（1978）首次提出跨国企业技术创新是解决环境保护和跨国企业经济发展矛盾的重要因素。目前，学术界对于外部环境规制与跨国企业技术创新的关系仍旧存在争议，相关结论有如下三种：

（1）环境规制抑制了跨国企业技术创新。传统经济理论从静态的角度出发，认为环境规制和技术创新之间存在不可解决的问题。因为在技术、资源分配和消费者需求固定的前提下，环境规制的引入将不可避免地增加跨国企业成本，削弱跨国企业竞争力，即环境调控工具对跨国企业的技术创新有抑制作用（Gary，1987；Jaffe et al.，1995）。如 Gray（1987）的研究表明，环境规制将增加跨国企业的减排成本；同时，环境规制对跨国企业创新水平和经济增长都具有负向影响。通过分析不同的样本，Barbers 和 McConnell（1990）发现，严格的环境规制会减少跨国企业的技术创新支出，同时会导致跨国企业的经济状况恶化。Ramanathan 等（2010）发现，虽然环境规制有利于提升跨国企业的经济绩效，但短期来看，跨国企业对污染治理支出的投资倾向会被动地影响工业部门的创新。这是因为在短期内，跨国企业在控制污染上的投入要多于其在技术创新方面的投入。Acemoglu 等（2012）的研究则发现，环境约束增长模式下的内生性和导向性技术变化会导致跨国企业生产成本增加，从而在一定程度上阻碍了跨国企业的技术创新。Kneller 和 Manderson（2012）发现，环境规制无法帮助英国制造业跨国企业增加研发投资。

（2）环境规制有利于跨国企业技术创新。部分研究人员从动态角度证明了环境规制和跨国企业改进技术创新之间存在着双赢的可能性（Porter，1991；Porter et al.，1995）。Porter 和 Linde（1995）从动态的角度认为，合理、适度的环境规制不仅会降低跨国企业满足规制要求的净成本，而且能够充分激发跨国企业的创新活力，从而产生"创新补偿"的效果，进而提高跨国企业在国际市场上的竞争力，这就是著名的"波特假说"。随着该假说的提出，越来越多的学者从不同方面对其进行了验证分析。如 Lan-jouw 和 Mody（1996）研究了美国、日本和德国的环境规制和环境技术发明之间的关系。结果表明，污染控制支出与环境专利数正相关。研究结果进一步表明，跨国企业环境专利数会随着政府支出的增加而增加，但环境规制对技术创新的影响却存在着大约两年的滞后效应。Lovely 和 Popp（2011）证实，跨国企业的技术创新将反过来影响非创新国家新的环境规制颁布的时机。Ma 等（2011）发现，相较于政府调控型环境规制，市场激励型环境规制对跨国企业技术创新存在更显著的正向影响。Sen（2015）研究发现，污染税的征收不仅能够提高跨国企业技术创新水平，还会降低环境污染。Rubashkina 等（2015）的研究结果表明，当使用专利申请的数量作为创新产出的替代变量时，环境规制对创新活动的产出存在正向影响。Chakraborty 和 Chatterjee（2017）发现，环境规制将使印度生产染料的化学公司的平均创新产出增加11%至61%。Fahad 等（2021）的研究表明，环境规制促进了中国产业内部的技术创新，吸引了更多的外资，资本的涌入将进一步推动技术进步；同时，技术创新与外商投资呈现出良性互动效应。

（3）跨国企业技术创新与环境规制的关系不确定。Rubashkina 等（2015）发现，现行环境规制对于跨国企业研发投入并没有显著影响。Ra-manathan 等（2017）将环境规制分为弹性环境规制和非弹性环境规制两种。弹性环境规制能够促进跨国企业进行技术创新以满足环境规制要求；而非弹性环境规制会增加跨国企业成本并对公司业绩产生不利影响。Song 等（2018）则将跨国企业的研发活动分为环保研发和生产研发两类。在其他条件不变的前提下，环境规制会对跨国企业的环保研发产生促进作用，但对跨国企业的生产研发具有阻碍作用。此外，社会经济发展水平（Shen et al.，2012）、跨国企业研发效率（Johnstone et al.，2017）、跨国企业创新意愿（De Falco et al.，2015）、跨国企业的产出价格以及知识溢出（Miller，2014）等因素都有可能影响环境规制与跨国企业技术创新之间的关系。

虽然关于环境规制与跨国企业技术创新之间的关系仍旧存在着部分争议，但大多数研究都表明制定适当的环境规制能够在动态约束下促使跨国企业提高资源分配效率和技术水平，进而触发"创新补偿"，从而部分甚至完全抵消环境规制所带来的额外成本，因此，合理适当的环境规制会对跨国企业技术创新产生正向影响（Guo et al.，2017；Pan et al.，2019）。

2.2.2.2 环境规制对跨国企业对外投资的影响

环境规制不仅是解决环境污染的有效手段，同时也会对跨国企业的对外投资行为产生显著影响。Fredriksson 和 Millimet（2002）认为环境规制的差异是影响跨国企业 FDI 的重要因素。根据 Broner 等（2012）的说法，环境规制不仅可以被视为一种次级贸易壁垒，同时也是一个国家相对优势的来源。因此，环境规制的变化将直接影响跨国企业 FDI 的流入与流出（Greaney et al.，2017）。研究表明，加强发展中国家的环境规制不仅挤压了污染密集型跨国企业在本国的生存空间（Cai et al.，2016），还促进了环境友好型跨国企业 FDI 的流入（Elliott et al.，2013）。因此，具有不同特征的跨国企业 FDI 对环境调控有不同的反应。Chung（2014）的研究表明，环境规制对污染密集型跨国企业的影响尤为显著，因此处于污染行业的跨国企业往往会选择在环境规制较宽松的国家进行更多的投资。Tang（2015）认为，出口导向跨国企业的 FDI 选择对当地环境规制比当地市场导向的跨国企业的 FDI 选择更敏感，因为东道国的环境规制水平只会显著增加前者的相对成本。此外，随着环境规制的加强，最初破坏东道国生态环境的 FDI 可能会随之改变并改善当地环境。其他相关研究也表明，环境调控的合理性是实现经济和环境"双赢"结果的重要前提，即合理的环境调控会对经济和环境发展起到正向作用（Acemoglu et al.，2012）。然而，目前关于环境规制与跨国企业的 FDI 战略之间的关系仍旧存在以下三种不同的观点（Elliott et al.，2013）：

第一种观点认为，出于多种原因，环境规制不利于跨国企业进行 FDI。首先，环境规制要求跨国企业升级自身的污染控制设备和技术，这会增加跨国企业的合规成本。其次，环境规制对跨国企业可以使用哪些污水处理场所以及处理方法进行了严格的规定，这些规定能够对跨国企业的低标准环境行为进行抑制。最后，环境规制会对跨国企业在各方面的投入产出要素的组合进行规定，从而制约了跨国企业的生产方式。鉴于此，为了在国际贸易市场上保持更有利的价格优势及竞争优势，跨国企业往往会刻意避开环境规制较为严格的国家或地区，而在环境规制相对宽松的国家或地区进行投资。这些环境规制程度较为宽松的国家或地区将成为污染密集型跨国企业的"污染天堂"。Ljungwall 和 Linde-Rahr（2005）的研究结果表明，虽然环境规制在中国范围内并未显著影响 FDI 模式，但它们在相当程度上对中国西部和中部地区的外国资本流入产生了负向影响。Yang 等（2018）的研究亦发现，环境规制对中国中西部 FDI 的引进存在负向影响，但在全国范围内的影响不显著。因此环境规制对于跨国企业境外投资地区的选择有显著影响，即跨国企业往往选择环境规制较为宽松的国家或地区进行投资（Tang，2015；Chung，2014）。

第二种观点认为，环境规制对跨国企业进行 FDI 产生了正向影响。一方面，环境规制可以激励受规制跨国企业优化资源配置，提高管理效率，减少了生产过程中的低效行为（Lee et al.，2014）。另一方面，环境规制可以刺激跨国企业对环境技术进行改造并对环境管理创新进行投资，从而提升了其创新能力，产生了所谓的"创新补偿效应"（Zhou et al.，2018）。它可以弥补甚至超过跨国企业在环境管理创新方面投入的合规成本。这些不仅可以让环境规制较为严格的国家或地区实现经济和环境绩效同步提升，同时还能让其在国际市场上获得先发优势和绝对竞争优势，更加有利于该地区吸引 FDI，进而形成良性循环（Rivera et al.，2013）。因此，严格的环境规制可以激励跨国企业创新，从而促进 FDI 流入，并且随着环境规制强度的提升，这种促进效应显著增强。此外，日益严格的环境规制也能够对 FDI 的流入起到适度的威慑作用（He，2006）。Muhammad 和 Khan（2019）发现，加强环境规制将推动新能源和技术密集型产业的发展，进而吸引发达国家的 FDI 流入。Asghari（2013）的研究表明，加强东道国的环境规制将吸引更多的 FDI 流入。Kim 和 Rhee（2019）利用 2000 年至 2014 年 120 个发展中国家的数据，分析了环境规制与 FDI 之间的关系。结果表明，严格的环境规制能够吸引 FDI，因为东道国的环境规制可以提高国内生产力，进而吸引跨国企业。有部分研究表明，跨国企业往往会选择环境规制更为严格的国家或地区进行投资（Elliott et al.，2013）。

第三种观点认为，环境规制对 FDI 的流入的直接影响很小或几乎没有直接影响（List，2001）。该观点的支持论据主要有以下几个：首先，跨国企业的生产效率和技术水平较高，因此跨国企业的选址对于东道国环境规制往往并不敏感。相较于环境规制，市场规模、要素禀赋、劳动力成本和基础设施等因素对跨国企业对外投资的影响更为显著。如 Cole（2004）指出，资本积累才是吸引国外污染密集型产业的重要因素，即 FDI 并不仅仅会被低水平的环境规制所吸引。Manderson 和 Kneller（2012）亦发现，环境规制并不是决定 FDI 选址的重要因素。其次，环境规制对跨国企业的对外投资战略的影响不只有影响成本这一个方面，还与市场效率、监管处罚、产业技术水平和污染程度密切相关。因此，部分学者认为环境规制对于跨国企业的对外投资战略影响并不显著（Eskeland et al.，2003；Dean et al.，2009；Manderson et al.，2012）。

除上述争议外，也有研究表明环境规制和跨国企业对外投资战略之间的关系并非一成不变的，不同的区域差异、行业差异乃至环境规制的强度也会对两者的关系产生显著影响。根据"污染天堂假说"，污染密集型跨国企业往往会将其生产活动转移至环境标准较低的国家或地区以避免更高的环境合规成本，在这种情况下，环境规制与跨国企业投资之间往往存在负向关系。如 Garofalo 和 Malhotra（1995）发现减少污染支出会对特定行业资本形成负向影响。而 Dong 等（2021）的研究表明，环境规制较为宽松的东道国更容易吸引来自污染行业的外商直接投资。然而，Copeland 和 Taylor（2004）指出，资源的丰富度能够提高跨国企业的生产可能性。因此，当资源的优势超过了环境规制的相应成本，跨国企业就能够接受更加严格的环境规制。在这种情况下，环境规制与跨国企业投资战略之间往往存在着正向关系（Jaffe et al.，1997）。Hamamoto（2006）发现这种正向关系也存在于日本制造业跨国企业。Chakraborty 和 Chatterjee（2017）认为，环境规制可以促进印度皮革和纺织业创新支出的增加。Leiter 等（2011）分析了环境规制对欧洲制造业的影响，结果表明环境规制对跨国企业投资存在正向影响，但这种影响正在逐渐减弱。尽管如此，Rezza（2013）证明了过于严格的环境规制对东道国和母国的 FDI 都存在显著的负向影响。

2.2.2.3　环境规制对跨国企业对外贸易的影响

环境规制还会直接影响跨国企业的对外贸易。现有的贸易理论基于新古典经济学模型，认为环境规制通过污染外部性的内在化，增加了跨国企业的生产成本，进而削弱了被规制对象（跨国企业）的比较优势并对贸易格局产生了一定的影响（Ederington et al.，2005）。如 Feiock 和 Rowland（1990）以及 Cagatay 和 Mihc（2006）等的研究都证实一个国家的环境规制严格程度与其出口贸易之间存在显著的负相关关系。Copeland 和 Taylor（2009）从工厂区域选择和国际贸易流向两个方面研究了环境规制对国际贸易的影响，结果表明自由贸易能够促进污染密集型产业向环境规制宽松的国家转移。Hu 和 McKitrick（2016）发现，贸易自由化会提高污染密集型产品的价格。Ollivier（2016）的研究发现，不对称的环境规制可能会为一些国家在污染密集型行业提供比较优势，并加重当地的环境污染。然而，全球污染的程度实际上并不会随着国际贸易方式的这种差异而增加或减少。自 20 世纪 70 年代以来，更多的实证研究将各国的环境规制纳入传统的国际贸易分析框架，发现跨国企业在环境方面的积极实践能够对跨国企业的方方面面都产生影响（Marcus et al., 1998；Russo et al., 1997），这些积极的做法能够促进跨国企业对于无形能力与资产的积极产出（Russo et al., 1997），即跨国企业积极主动的环境战略往往被描述为跨国企业的一种绿色动态能力，这种绿色动态能力能够帮助跨国企业生成全新的具有创造性的策略来适应外部环境规制的变化（Eisenhardt et al., 2000；Arago'n-Correa et al., 2003）。

相较于中小型跨国企业，大型跨国企业具有更加积极主动的环境战略（Russo et al., 1997；Sharma, 2000）。这主要由于积极的环境战略往往需要跨国企业累积大量的资源（Sharma, 2000），这些资源不仅能够帮助跨国企业提高在公众中的知名度（Scott, 1990），同时也能够帮助跨国企业决策者更好地平衡环境问题与跨国企业的发展（Russo et al., 1997）。然而相较于大型跨国企业，中小型跨国企业资源有限，这阻碍了它们在环境方面取得进步（Russo et al., 1997）。另有一些研究表明，即使中小型跨国企业做出了有关于环境保护方面的努力，它们往往也不会从中获取任何特殊优势（Russo et al., 1997）。

尽管如此，环境规制对中小型跨国企业的对外贸易行为也会产生显著影响。如 Martín-Tapia 等（2010）研究了跨国企业环境战略对于中小型跨国企业出口的影响。结果表明，积极主动的环境战略有助于改善中小型跨国企业的出口业绩，但这种影响取决于跨国企业规模，并随着规模的扩大而更加强烈。

2.2.3 中国环境规制对在华跨国企业的影响

以往的研究往往关注欧美的环境规制对于跨国企业战略的影响，然而作为世界上最大的发展中国家之一，中国的环境规制对于跨国企业战略的影响也引起了学者们的广泛关注。近年来，环境问题的加剧促使中国政府制定了一系列法律法规，旨在改善环境质量，这些环境法律和法规政策统称为环境规制。

目前，许多学者研究了中国的环境规制对于跨国企业战略的影响。如部分学者研究了中国的环境规制对跨国企业技术创新方面的影响。Ouyang等（2020）发现中国的环境规制与跨国企业的技术创新之间呈"U"形关系。即在短期内，环境规制对中国工业跨国企业的研究和创新能力具有"抵消作用"。但随着环境规制强度增加，环境制度压力会倒逼跨国企业，通过创新来降低治污成本，从而产生"创新补偿效应"。不同类型的环境规制对跨国企业创新的促进程度存在差异。正式的环境规制能够有效地促进跨国企业的技术创新，而非正式的环境规制有可能会推动跨国企业的技术创新（Song et al.，2019）。Zhao 和 Sun（2016）研究了"波特假说"在中国的实际情况，发现该假说在中国存在较为显著的地域差异，在中国中部地区存在着微弱的"波特假说"，而在西部地区该假说的效果并不显著。Jiang 等（2018）发现，产业环境规制会对跨国企业的创新绩效产生负向影响；与之相对，区域环境规制则会对跨国企业的创新绩效产生正向影响。Yuan 和 Xiang（2018）从不同的时间尺度分析环境规制对制造业创新的影响。从短期来看，环境规制对制造业创新研发投入的影响并不明显。然而从长远来看，环境规制会对跨国企业的研发投入产生不利影响。Yuan 等（2017）发现环境规制对跨国企业技术创新的影响具有明显的行业异质性。其中，对于生态效率高的行业，环境规制对技术创新的影响呈倒"U"形关系。Cao 等（2017）的研究表明，废水环境规制对技术创新的影响呈现"N"形关系，废气环境规制对技术创新的影响呈倒"U"形关系。Li 等（2018）发现在其他变量不变的情况下，实施指挥控制型环境规制不利于中国东部地区环境技术创新的发展，但对西部地区环境技术创新有正向影响。Liu 和 Xie（2020）指出，自主研发通过合规成本效应受环境规制影响，会限制跨国企业出口竞争力，而技术引进受到"创新补偿效应"影响，有利于增强跨国企业出口竞争力。

部分学者研究了中国环境规制与跨国企业对外投资之间的关系。Hao等（2018）基于中国 283 个城市在 2003—2010 年的城市面板数据研究发现，现行的环境规制并未达到控制和减少污染的预期目标。而且境外跨国企业的对华直接投资对中国的环境产生了负向影响，进一步分析表明只有在控制 FDI 的情况下，中国的环境规制才有效。Zhang 和 Fu（2008）结合了省级社会经济与环境数据，调查研究了中国环境规制的严格程度的差异是否会影响 FDI 在中国的地点选择。结果表明，环境规制的严格性对 FDI 存在显著的负向影响，即在其他条件不变的情况下，FDI 更愿意进入环境规制相对宽松的地区。Cheng 等（2018）则研究了环境规制与 FDI 的双向影响机制，结果表明环境规制对 FDI 的区域选择具有显著的影响，同时 FDI 具有显著的空间溢出效应，这种空间溢出效应对特定城市的 FDI 和环境规制具有重要影响。虽然跨国企业在中国投资时往往会选择环境规制较为宽松的城市，但是 FDI 的流入会增加地方环境规制的数量并提升其严格程度，这表明"污染天堂假说"在中国并不成立。

还有学者研究了中国环境规制对跨国企业进出口战略的影响。Wang 等（2016）利用 1985—2010 年国际贸易数据，发现严格的环境规制仅会对化工行业跨国企业造成负向影响，而其他行业的跨国企业则不会受到影响；与之相反，部分行业甚至能够从严格的环境规制中受益。此外，环境规制有利于中国出口结构的升级。在严格的环境规制下，资源密集型、污染严重的初级产品净出口减少，而绿色和高附加值制成品得到推广。Du 和 Li（2020）评估了环境规制对中国贸易量和结构的影响，结果表明环境规制可能会抑制出口粗放型和集约型边际效应，对污染密集型跨国企业的负向影响要强于绿色跨国企业。此外，环境规制将缩短跨国企业的出口期限，尤其是污染密集型跨国企业，整体而言环境规制对污染密集型跨国企业的负向影响，要强于对绿色跨国企业的负向影响。Wen 和 Dai（2020）也发现贸易开放与环境规制之间存在着双向关系。Liu 和 Xie（2020）发现环境规制对中国制造业出口竞争力的促进作用约为 2%，然而，这种效应是非线性的，呈现出"U"形趋势，这表明必须满足某些先决条件才能验证"波特假说"。此外，环境规制的影响表现出显著的行业内异质性，主要表现在重污染子行业，在中度污染子行业中程度较低，但在轻污染子行业中不显著。

综上所述，跨国企业的战略调整会受到环境规制的影响，这种影响往往是动态的、不确定的。此外，跨国企业的战略调整往往也会受到自身跨国企业文化、管理层的战略制定以及母公司的控制等的影响。

2.3 跨国企业绿色知识与绿色创新能力可持续发展

2.3.1 跨国企业绿色知识与绿色创新的定义

知识作为一种无形资产，是跨国企业支撑和发展的基石，对跨国企业的战略决策至关重要（Ooi，2014）。知识与技术对于跨国企业来讲十分重要，因为它们决定了一家公司的发展上限。知识能够帮助企业提高商品和服务的生产效率，并获得特定的竞争优势（North，1994）。此外，知识通常被视为一种能够提高客户满意度、帮助跨国企业理解问题并为跨国企业找寻问题的解决方案提供基础，进而帮助跨国企业在市场上获取竞争优势的工具（Attia et al.，2018）。熊彼特的增长理论认为，知识是促进技术创新与经济增长的决定性因素，而跨国企业会为了获取垄断的利润而投入研发并进行创新（严成樑 等，2009）。对于跨国企业来说，跨国企业自身的竞争优势往往需要通过内部知识与资源的积累而形成（Dierickx et al.，1989）。然而有研究表明，相较于物质资源，知识与技术的匮乏是中国跨国企业提升其创新能力的最大瓶颈（陈小洪，2009）。由此可知，知识对于跨国企业的创新及发展起到了至关重要的作用，是跨国企业获取持续性竞争优势的基础（张军 等，2014）。

虽然知识累积对跨国企业创新发展起到正向的促进作用，但有时这种促进作用对于跨国企业的创新发展效果有限（Sørensen et al.，2000；张军 等，2014）。同时跨国企业知识的增长会导致经验的增加，这反而容易使得部分跨国企业产生盲目自信（Heimerisks，2010），尤其是当新知识对于跨国企业十分重要时，经验所带来的故步自封会对跨国企业的发展产生严重的危害（Haas et al.，2005）。由此可知，知识对于跨国企业的发展存在着两面性：一方面，知识能够促进跨国企业的创新和发展；另一方面，知识又会对跨国企业的发展呈抑制作用。相较于知识，创新对跨国企业的发展体现更为直观，也更为重要。

熊彼特在 1934 年和 1942 年分别提出了跨国企业的创造性积累（creative accumulation）理论和创造性破坏（creative destruction）理论，这两个理论认为创新是跨国企业经济持续增长的动力。跨国企业创新，顾名思义，是指跨国企业对产品、生产技术以及管理方式与方法的一种改变。

目前对于跨国企业创新常见的衡量因素主要有：跨国企业投入创新的研发费用、跨国企业所拥有的发明数与专利数、跨国企业生产的新产品种类数（Audretsch et al.，1996）。研发费用可用于衡量跨国企业在创新方面投入的研发成本，而发明专利数以及新产品种类数则可用于衡量跨国企业的创新产出（董晓芳 等，2014）。不少学者研究了外部影响因素对跨国企业创新的影响。毛其淋和许家云（2014）研究了跨国企业对外投资对于跨国企业创新的影响，发现跨国企业 FDI 能够持续地促进跨国企业创新，且在整体上延长了跨国企业创新的时间。此外，产业政策也会对跨国企业创新产生正向影响，产业政策能够激励跨国企业增加非发明专利的专利申请数量，这说明大部分跨国企业进行创新仅仅是为了获取政府补贴和税收优惠。相较于非发明专利，发明专利的增加更能推动技术进步，促进跨国企业发展（黎文靖 等，2016）。此外，跨国企业股权结构（李文贵 等，2015），房价上涨（王文春 等，2014），跨国企业异质性（易靖韬 等，2015）以及知识产权保护（尹志锋 等，2013）等因素都会对跨国企业创新产生较为明显的影响。

以上部分简要回顾了跨国企业创新的定义及其部分影响因素。在过去几十年间，随着人口的增长和城市化进程的加快，生态环境的质量不断下降，导致了一系列环境问题（如环境污染、资源过度开采、温室气体过度排放等）。环境的恶化也引起了全社会的广泛关注，1992 年 6 月在巴西里约热内卢发表的《里约环境与发展宣言》和《21 世纪议程》为日后可持续发展战略奠定了基础（卢强 等，2000；杨德峰 等，2009）。随着"绿色浪潮"的到来，人们对绿色消费的需求也在不断增加，跨国企业的绿色产品制度应运而生。随着绿色化成为社会发展的必然趋势，跨国企业开始追求低能耗、低污染、安全环保的发展目标并随之产生了"绿色知识""绿色创新"的概念。

绿色知识，顾名思义，是指跨国企业所具备的关于环境方面的知识。当跨国企业积累了丰富的绿色知识时，其绿色创新能力将会得到增强。然而，跨国企业的绿色知识是难以量化的，因此以往的研究往往只关注跨国企业的绿色创新能力，并将绿色创新作为指数以定量表征跨国企业绿色知识水平。

绿色创新是指产生可用于应对环境问题的新想法、新商品、新服务、新流程或新管理系统，它包括节能、污染防治、废物回收、绿色产品设计、环境管理等方面的技术创新（Huang et al.，2019）。绿色创新可以有效减少环境污染和资源（能源）利用的负向影响，从而推动可持续发展。与传统的创新只注重经济效益不同，绿色创新既可以为消费者和跨国企业带来经济效益，又可以大大减少对环境的不利影响，即兼顾了经济效益和环境效益。因此，绿色创新在产业绿色转型和环境污染治理方面起着重要的作用（Dangelico et al.，2017）。从系统理论的角度来看，绿色创新是产业创新系统理论和绿色经济理论的结合，因此它既涉及绿色产品，也涉及绿色过程（Li et al.，2017；Saunila et al.，2018）。此外，绿色创新还引入新的或显著改进的产品、流程、组织变革或营销解决方案，以减少自然资源消耗和产品生命周期中有害物质的排放。

2.3.2　跨国企业绿色知识与绿色创新的主要驱动因素

鉴于绿色知识与绿色创新在改善环境中所起到的重要作用，本节首先从不同角度回顾了两者的主要驱动因素。目前对于跨国企业绿色知识与绿色创新的驱动因素的研究主要从内部和外部两个方面进行（Del Río González，2009；Horbach et al.，2012）。内部驱动因素是指跨国企业内部存在的有利于跨国企业参与环境技术变革的特征，如跨国企业的环境管理系统等因素（Del Río González，2009；Wagner，2007）；而外部驱动因素主要源于外部环境等所产生的激励与刺激，这些外部驱动因素会对跨国企业施加压力，迫使跨国企业对其做出反应。因此，外部驱动因素主要代表了跨国企业与其他制度、市场等的互动（Del Río González，2009）。由于绿色创新的一个重要特征是它的"双重外部性"：除了通过促进绿色知识传播（Roper et al.，2013）这一所有类型的创新都具有的正外部性外，绿色创新还可以通过发展清洁能源替代品和减少废物排放来促进能源和资源节约来造福社会（Li et al.，2017）。在双重外部性下，仅仅依靠跨国企业自愿进行绿色知识与绿色创新举措是不够的，还需要政府和其他机构的激励和压力，这也是学者们从内部和外部两个方面研究绿色创新的驱动因素的主要原因。

传统经济学家研究了外部的强制性压力对于跨国企业绿色知识和绿色创新的影响，结果表明政府环境规制会增加跨国企业的环境成本，即增加跨国企业研发生产过程的财务压力（Amores-Salvadó et al.，2014），从而削弱跨国企业市场竞争力（Eiadat et al.，2008）。然而更多的研究则表明，适当灵活的环境规制不仅不会削弱跨国企业竞争力，还会形成"创新补偿效应"，增强跨国企业的竞争力，这种现象被称为"波特假说"（Porter et al.，1995；Cai et al.，2018）。环境规制有助于跨国企业克服组织惰性，对新想法保持开放态度，激发创造性思维，并投资于清洁技术改进等绿色知识与绿色创新活动（Eiadat et al.，2008）。

除了从内部和外部两个方面对绿色知识与绿色创新进行分析外，也有学者从国家宏观层面（Cho et al.，2018；Song et al.，2015）和跨国企业微观层面（Cuerva et al.，2014）对二者的驱动因素进行了研究。部分学者从国家层面分析了绿色知识与绿色创新的主要影响因素，发现跨国企业产业结构（Cho et al.，2018）、市场化（Guo et al.，2017）、环境规制（Horbach et al.，2012）和国际知识溢出（Song et al.，2015）等是跨国企业绿色知识与绿色创新的主要驱动因素。此外，Hojnik 和 Ruzzier（2016）确定了不同绿色创新类型在发展和传播阶段的不同驱动因素。Chen 等（2017）指出，市场、技术和环境规制在中国绿色知识与绿色创新的发展中发挥着独特而重要的作用。除了从国家层面进行研究外，也有部分学者从跨国企业层面研究了跨国企业绿色知识与绿色创新的定义、影响因素及其对跨国企业自身所产生的影响。跨国企业绿色创新，又称"跨国企业环境创新""跨国企业生态创新"以及"可持续创新"（Bernauer et al.，2007），是指跨国企业结合已有的绿色知识进行研发与改进等一系列复杂的知识创造活动。跨国企业的绿色创新往往涉及跨国企业产品研发、跨国企业管理标准、跨国企业节能减排以及跨国企业绿色工艺等多领域的技术（隋俊 等，2015），这些都是依靠跨国企业自身所拥有的绿色知识进行的。绿色知识与绿色创新能够促进跨国企业开发环境友好的产品，从而实现可持续发展的目标（Xie et al.，2019）。Li 等（2018a）将跨国企业绿色创新分为技术创新和行政创新；Qi 等（2010）和 Siva 等（2016）将绿色创新分为绿色技术创新和绿色管理创新；Chang（2011）则将跨国企业绿色创新分为绿色产品创新和绿色流程创新。

2.3.3 跨国企业绿色知识与绿色创新对跨国企业的影响

除了驱动因素外，还有部分学者围绕着跨国企业绿色知识与绿色创新的主要影响因素及两者对跨国企业自身的影响这两个方面展开了研究。如Li 等（2018b）发现，跨国企业质量管理会降低跨国企业实施绿色创新的意愿，但环境规制则会显著减轻质量管理对跨国企业绿色创新的负向影响。Saunila 等（2018）研究了公司估值及其与跨国企业自身绿色知识与绿色创新的关系，发现经济和社会压力都是跨国企业进行绿色创新的关键驱动力。Cai 和 Li（2018）注意到，跨国企业内部和外部的资源和压力都会影响跨国企业的绿色创新决策，并认为环境绩效对生态创新和经济绩效的关系具有正向中介作用。Chang（2011）则发现，跨国企业环境伦理（corporate environmental ethics）会对跨国企业绿色知识与绿色创新产生正向影响。此外，跨国企业环境伦理不仅能够直接影响跨国企业的竞争优势，还可以通过影响跨国企业的绿色产品创新进而间接地影响跨国企业的竞争优势。从跨国企业的总体特征来看，跨国企业规模、跨国企业创办年限等因素都会对两者产生较为显著的影响。其中，跨国企业规模与跨国企业绿色创新正相关（De Marchi，2012），这意味着相较于中小型跨国企业，大型跨国企业的绿色知识更丰富，更有可能进行环境创新（Kesidou et al.，2012）。同时，跨国企业的规模越大，其绿色创新的可能性和范围就越大，这源于大型跨国企业众所周知的创新优势（用于创新的资金和其他资源的可用性、系统化的研发部门等），也源于跨国企业知名度所带来的监督与监管（大型跨国企业面临着更为严格的要求，以降低其对环境的影响并满足绿色团体和政府的要求）（Kesidou et al.，2012）。也有学者研究了跨国企业年龄与跨国企业绿色知识与创新之间的关系（Rehfeld et al.，2007），发现跨国企业年龄与跨国企业绿色创新的实现概率之间存在"U"形关系。跨国企业越年轻，就越有可能进行绿色创新；虽然这种创新会随着跨国企业年龄的增长而减少，但更成熟的跨国企业可能已经开发了更广泛的内部绿色知识库，从而实现了进一步的产品生态创新（Rehfeld et al.，2007）。

虽然跨国企业绿色知识与绿色创新主要依赖于跨国企业自身的特性以及自身所具备的知识与技术，但是 Muscio 等（2017）的研究表明仅凭跨国企业以往积累的知识与技术对跨国企业的绿色创新影响很小，相反通过突破知识边界去吸收多样化的知识则能够帮助跨国企业更好地提升绿色知识水平，进行绿色创新，因此与外部合作伙伴的合作也会对两者产生促进作用。Martínez-Ros 和 Kunapatarawong（2019）的研究进一步证明了这一点：通过分析超过 5 000 家跨国企业的知识获取战略和跨国企业绿色创新之间的关系，他们发现随着跨国企业规模的扩大，跨国企业在进行绿色创新时会将重点从内部知识转移到外部知识。而绿色创新比一般创新需要更多的外部知识和信息，因此，进行绿色创新的跨国企业寻求外部信息来源并与外部合作伙伴进行合作的程度会比进行一般创新的跨国企业更强烈（De Marchi，2012；De Marchi et al.，2013）。虽然跨国企业会从绿色创新获取的知识中获益，但是整体而言这种关系呈倒"U"形，即对于中小型跨国企业来说，绿色创新知识广度的收益是递减的，然而随着跨国企业规模的扩大这种现象会消失。因此，促进私营和公共部门之间更多协调和知识互补的政府政策的出台将有利于不同规模跨国企业部门之间的绿色知识转移，确保跨国企业的可持续发展。鉴于此，跨国企业往往选择与外部合作伙伴建立稳定的创新联盟，通过知识共享等方式获取绿色创新所需的绿色知识（余菲菲，2015）。目前，国内已有部分跨国企业对此方式进行实践，如上海市节能环保服务业协会、上海外高桥第三发电有限责任公司、光明乳业股份有限公司等48家上海制造跨国企业自发组成了上海绿色制造联盟来实现跨国企业绿色创新。然而研究表明，不同跨国企业之间的绿色知识基础存在着显著差异，这种差异［也称为知识距离（knowledge distance）］是影响联盟内知识互换的重要因素（Cummings et al.，2003）。除此之外，跨国企业知识管理（knowledge management）也会对跨国企业的绿色知识与绿色创新（green innovation）以及可持续发展（sustainable development）产生影响。跨国企业绿色知识管理是跨国企业设计绿色战略、开发新产品和提升服务的重要影响因素（Mardani et al.，2018），有效的知识管理能够帮助跨国企业显著提升创新水平，使跨国企业的经营变得更加高效（Yusr et al.，2017），因此许多跨国企业将知识管理视为自身战略资源的一部分（Bolisani et al.，2018）。研究表明，跨国企业绿色知识管理会对跨国企业绿色创新以及跨国企业可持续发展产生显著影响，同时跨国企业绿色创新又会影响跨国企业的可持续发展（Abbas et al.，2019）。Tang 等（2018）的研究发现，跨国企业的绿色流程创新和绿色产品创新均能够较为显著地对跨国企业绩效产生正向影响。

2.3.4 跨国企业绿色知识与绿色创新的量化指标

虽然绿色知识与绿色创新是跨国企业应对外部压力和提升自身绿色创新能力的重要方式，但是两者是难以量化的。目前对于跨国企业绿色知识与绿色创新能力的衡量主要由以下三个指标来量化：跨国企业发明数、跨国企业绿色专利数和跨国企业绿色生产力，这三要素分别对应了跨国企业绿色创新的输入、产出及性能（Chen et al.，2021）。相较于其余两个指标，绿色专利数更好界定与量化，是跨国企业绿色创新能力最为直观的体现方式，其能够在一定程度上直观地体现出跨国企业绿色创新水平。绿色专利数之所以被广泛应用于定量分析跨国企业绿色创新主要有以下四个原因：第一，绿色专利代表了环境技术领域组织知识的一个核心方面，因此，它们不仅可以减少污染排放，也有可能影响跨国企业创新的整个轨迹（Carrion-Flores et al.，2006）。第二，绿色专利可能会以知识溢出的形式产生正向的外部性，从而促进环境技术在行业和国家层面的传播及应用。第三，绿色专利具有鲜明的特征，如它们具有更广泛的应用，相较于非绿色专利，绿色专利被引用的频率更高，并且能够被更广泛的技术类别引用。第四，跨国企业面临越来越大的利益相关者和机构对环境负责行为的压力可能对绿色创新活动产生显著影响（Berrone et al.，2013）。因此，许多学者选择跨国企业绿色专利数作为定量分析跨国企业绿色创新能力的指标。如 Oltra 等（2010）认为跨国企业绿色专利数可以作为衡量跨国企业生态创新的指标。Perez（2012）则认为绿色专利是绿色知识产权在试图全面解决环境问题方面的一次伟大尝试。Lanjouw 和 Mody（1996）首次将跨国企业绿色专利数引入跨国企业绿色创新的研究中。随后，一系列研究都将绿色专利数作为跨国企业绿色创新衡量指标（Wang et al.，2019；Ahn et al.，2020；Fabrizi et al.，2018）。如 Wang 等（2019）利用 1990—2015 年中国跨国企业绿色专利数据分析了中国的绿色创新技术的发展及变化特征，结果表明中国的绿色创新在过去 25 年间取得了长足的进步。Fabrizi 等（2018）将绿色专利数视为因变量，分析了环境规制对绿色创新的影响。结果表明，将环境规制与适当的创新政策相结合，可以显著提高环境规制的有效性。这些例子均表明跨国企业绿色专利数能够作为衡量跨国企业绿色创新的主要指标。

现阶段关于跨国企业绿色专利的研究主要集中在绿色专利信息的获取、绿色专利信息制度的构建以及专利在绿色知识的转移中所起到的重要作用三个方面。为了更好地实现绿色专利信息的共享制度，Nitta（2005）提议利用全球绿色专利所获取的收入共同构建"全球绿色专利基金"，以支持绿色专利的发展。随后，Nitta（2006）又基于可持续发展原则提出了构建绿色专利系统这一建议，以方便人们对绿色专利进行搜寻。然而现阶段由于知识与技术水平的差异与限制，发达国家和发展中国家所拥有的绿色专利的数量与质量之间存在着较为显著的差距。为了解决这个问题，同时也为了缩小发达国家与发展中国家之间的技术差距，部分学者提出了"绿色专利的跨国转移与共享"这一解决方案。如 Hasper（2007）针对发展中国家所面对的绿色知识产权壁垒，提出构建全球绿色技术交换论坛以满足不同国家绿色技术与绿色专利的转移与共享。而 Henry 和 Szleper（2010）也对此观点持赞同态度。他们认为环境问题需要在一个国际框架内由不同国家和地区携手解决，为了达成合作共赢的理念，首先需要消除发达国家与发展中国家的绿色知识产权壁垒，这就需要不断促进发展中国家的绿色创新，并将绿色技术由发达国家向发展中国家进行持续的扩散并转移，进而达到互利共赢的局面。Consilvio（2012）提出，通过国家补贴将绿色技术外包等方案将绿色技术与绿色专利转移至发展中国家。Abdel-Latif（2012）认为，应该从国家层面进行沟通，让发达国家和发展中国家共同构建一套合适的绿色专利及绿色知识的共享方案，从而帮助发展中国家提升自身的绿色专利水平。

然而也有学者对此持不同的意见。Yang 和 Maskus（2009）认为，发达国家和发展中国家在绿色专利转移问题中之所以存在分歧，是因为发展中国家将知识产权保护视为专利转移的障碍。Ockwell 等（2010）则认为，发达国家和发展中国家之所以会对知识产权是否阻碍了绿色专利转移产生争论是因为两者有着不同的政治立场。Wong（2012）则探讨了专利保护程度的松紧对于绿色专利转移的影响。Lane（2009）调研了 9 项发达国家和发展中国家绿色技术转让的案例，结果表明知识产权并不会对技术的转移产生阻碍，相反可能通过在发展中国家市场提供排他性来促进技术转让。Barpujari 和 Nanda（2013）认为，发展中国家较为薄弱的执法和行政能力才是绿色专利与绿色技术转让的最大障碍，而这主要是由于其缺乏必要的人力和财政资源。

相较于其他国家，中国对于绿色专利的研究起步较晚，且相关研究数量较少。此外，中国对专利数据的利用以及基于专利数据对绿色创新的研究目前仍旧处于起步阶段。尽管如此，仍有部分学者基于专利数据研究了中国绿色创新情况的进展与特征。Wang 等（2019）使用环境相关技术专利数据，分析了 1990—2015 年中国绿色技术创新的发展，发现在 2000 年以后，中国的环境规制促使中国在环境相关技术创新方面取得显著进步。Zhou 等（2021）的研究表明，研发效率对中国区域绿色专利申请数量的增加起主导作用，而环境规制则导致中国区域绿色专利申请数量的下降。此外，绿色专利申请的各种决定因素表现出十分显著的时空异质性。Li 等（2017）以 2008—2012 年中国百强上市公司绿色专利数据为样本，结合制度理论和资源基础观，探讨了跨国企业外部合法性压力和内部盈利能力对中国跨国企业绿色创新的影响。结果表明利益相关者的合法性压力和跨国企业盈利能力均对跨国企业绿色创新具有显著的正向影响。而且它们之间的相互作用也影响着跨国企业的绿色创新实践。王珍愚等（2021）基于中国上市公司绿色专利数据分析了环境规制对跨国企业绿色技术创新的影响，结果表明环境规制对跨国企业绿色创新有先抑制后促进的"U"形影响特征，而不同行业的异质性会导致该影响产生差异。王班班和赵程（2019）基于中国 1997 年以来所有的绿色专利数据，分析了中国绿色创新的发展情况及其影响因素。结果表明，虽然中国绿色创新的规模在过去十年扩大了十倍以上，但中国创新强度提升不大，且整体也未向绿色化发展。现阶段，经济增长、研发投入以及政策引导是中国绿色创新的主要正向影响因素，其中尤以政策因素的影响最为突出。然而资本深化、国有资产以及境外直接投资等则对中国跨国企业的绿色创新有着阻碍作用。齐绍洲等（2018）基于 1990—2010 年上市公司的绿色专利数研究了环境权益交易市场对于绿色创新的影响机制，结果表明环境权益交易政策对跨国企业的绿色创新活动起到了正向促进作用，相较于绿色实用型专利，跨国企业绿色发明专利受到该政策的影响更为显著。相较于国企，非国企受到该政策的影响更为显著。李青原和肖泽华（2020）利用绿色专利数据研究了异质性环境规制工具对于跨国企业绿色创新的影响，发现排污收费这一政策会促进跨国企业的绿色创新能力，而政府提供环保补助这一政策则会对跨国企业的绿色创新起到抑制作用。这种抑制作用主要体现在机会主义这一方面。

2.4　文献评述

通过对现有文献的回顾，我们做出以下评述：

首先，关于制度压力对跨国企业的影响方面，现有研究对制度压力存在两种主要的分类方法：一种将制度压力按照性质分为强制压力、规范压力和模仿压力三种；另一种则从来源出发，将制度压力分为外部压力和内部压力两种。在本书中，我们重点关注中国的外部绿色制度压力对于跨国企业的影响，因此我们对该方面内容进行了重点回顾，发现中国跨国企业面临的外部压力主要源自政治制度和环境制度两方面，其中环境制度又是政治制度中不可或缺的一部分。现阶段，环境制度压力对于跨国企业的影响主要建立在"污染天堂假说""污染光环假说""逐底竞争假说"和"波特假说"四个假说的基础上，我们对不同假说情况下的环境制度如何影响跨国企业进行了分类总结。在此基础上，我们还对中国环境制度的发展与演化历史进行了回顾与总结，发现在过去30多年间中国政府对环境制度进行了一系列增补与完善，在这样的背景下，中国环境制度的变化意味着跨国企业面临的绿色制度压力也在变化，这种变化对跨国企业会造成什么样的影响？跨国企业又会如何去面对这种变化？为了厘清这些问题，本书从绿色金融制度、地方政府绿色关注度以及国家层面可持续立法这三个角度出发，分别分析了外部绿色制度压力变化对于跨国企业双元重构的影响。

其次，我们对跨国企业战略调整和双元重构的相关文献进行了梳理。在面对外部环境与压力的变化时，跨国企业会通过战略调整的方式来确保自身的稳定与发展。然而在这个过程中跨国企业会面临艰难选择，即在利用式创新和探索式创新中摇摆不定，为了更好地吸取两种创新的优点与长处，学者们提出了双元重构这一概念。双元重构又被分为结构型双元、情境型双元和领导型双元三种。随后我们分别总结了环境规制对跨国企业技术创新、跨国企业对外投资和跨国企业贸易的影响，在此基础上进一步延伸至中国的环境规制压力对于在华跨国企业的影响。在文献综述中，我们发现以往对跨国企业双元重构偏向于从概念（利用式创新和探索式创新）进行界定而缺乏从跨国企业具体战略行为进行界定，为了更加直观地分析外部制度压力对于跨国企业双元重构的影响，也为了贴合双元重构中利用式创新和探索式创新这两个概念，我们在本书中将双元重构重新定义为跨国企业的污染外包和绿色创新两方面，从而能够更直观地对跨国企业双元重构进行定量分析。

最后，我们对跨国企业的绿色知识和绿色创新能力进行了总结与回顾。众多研究表明，知识对于跨国企业的创新具有重要作用。目前对于跨国企业绿色知识与绿色创新的驱动因素的研究主要从内部和外部两个方面进行。虽然绿色创新是跨国企业应对外部压力的重要方式，但是跨国企业的绿色创新是难以量化的。鉴于此，学者们往往使用创新活动的输入或输出来对绿色创新活动进行量化。然而，诸如研发投入之类的投入量充其量只是一个国家创新绩效的不完美指标（Johnstone et al.，2010）。例如，研发工作的回报率可能因国家和时间的不同而存在较大的差异。因此，作为创新产出衡量标准的专利数成为对创新进行量化的常见要素。目前，利用专利数来衡量创新水平建立在以下假设上：平均而言，所有创新的固定比例都转化为了专利（Rübbelke et al.，2011）。由于专利数能够较为准确地衡量技术开发过程的结果，多年来学者们将专利申请数量作为最重要的创新指标之一（Johnstone et al.，2010）。利用绿色专利数来衡量跨国企业的绿色创新能力主要有以下几个优势：第一，专利能够被定量统计，并且专利能够跨行业和时间广泛传播。第二，专利申请需要提供有关基础发明关键特征的详细信息，这有助于对专利进行分类。以往研究利用专利技术类别的信息来识别与环境相关的（绿色）创新（Jaffe et al.，1997；Brunner-meier et al.，2003；Carrion-Flores et al.，2006）。鉴于绿色专利数能够较为准确地对跨国企业绿色创新能力进行量化，本书选取跨国企业绿色专利数定量表征跨国企业绿色创新能力。然而已有研究表明，仅凭跨国企业以往积累的技术与知识对跨国企业绿色创新影响很小，相反通过突破知识边界去吸收多样化的知识能够帮助跨国企业更好地进行绿色创新，因此与外部合作伙伴的合作也会对跨国企业绿色创新产生促进作用（Muscio et al.，2017；Martínez-Ros et al.，2019）。以往对跨国企业绿色专利的研究往往仅限于东道国或者母国跨国企业的绿色专利数，然而现阶段单一跨国企业的绿色专利数可能并不能完全代表其所具备的绿色创新能力，由于专利所具有的流动性以及不同国家之间专利壁垒的存在，本书将跨国企业母国绿色专利数作为衡量跨国企业绿色创新能力的指标。

3 数据来源和核心变量

3.1 数据来源

本书主要用到上市公司数据库、世界各国贸易数据、中国海关数据、世界各国二氧化硫排放数据、外资企业数据库、中国地级市政府工作报告、行业二氧化硫排放数据、全球专利数据、世界知识产权数据及 IPC 绿色目录。

绿色知识水平在本书中作为调节变量，存在两种表现形式：第一种为跨国企业母国国家层面绿色专利，可以将其视为跨国企业的绿色知识；第二种为跨国企业自身层面绿色专利，也可以将它用作跨国企业的绿色知识。

污染外包为跨国企业重构的重要表现形式，存在如下三种表现形式：第一种，计算跨国企业进口的二氧化硫密集度指标。第二种，利用 Cai 等（2016）的方法，以《联合国气候变化框架公约》（UNFCCC2007）为基准判定不同国家的环境规制强度，若国家（地区）加入时间早于中国，则可将其视为高环境规制国家；相反则视为低环境规制国家。第三种，直接利用行业二氧化硫密度进行计算。

3.2 核心变量说明

3.2.1 国家层面绿色知识水平数据集构造

本书的核心变量为绿色知识水平，以往的研究用跨国企业绿色专利数来量化跨国企业绿色知识水平。专利具有流动性，且不同国家和地区之间存在专利壁垒，因此专利往往会在固定地区内流动。由于数据的局限性，本书选取跨国企业所在母国的绿色专利数作为跨国企业绿色知识水平。

本书在计算全球国家层面绿色知识水平（基于美国专利库）时主要用到三个数据库：第一个是欧洲专利局（EPO）发布的 Worldwide Patent Statistical Database（PATSTAT）1790—2012 年全球专利数据库，其中比较重要的变量有：申请代码、申请文件的日期以及 IPC 分类号。第二个是世界知识产权组织（WIPO）于 2017 年公开的在美申请的专利数据，其中包含所有投资者信息、申请信息、公司母国信息等 11 个子数据库。公司母国数据库中包含五个变量，其中比较重要的是：申请代码和公司母国的国别代码。第三个是《联合国气候变化框架公约》（United Nations Framework Convention on Climate Change，UNFCCC）发布的 IPC 绿色清单（IPC Green Inventory）。

首先，将 WIPO 中公司母国数据生成一个可与 PATSTAT 匹配的代码，得到一个同时拥有母国代码和 IPC 分类号的新数据库。其次，将 IPC 绿色清单中的 IPC 代码分为三类，第一类只包含 IPC4 的代码，第二类只有唯一的 IPC 代码，第三类是循环代码。本书将它们与新数据库进行匹配，同时为了避免内生性问题除了美国的专利数据，最终得到国家层面的绿色知识水平。

利用以上方法匹配的国家层面绿色专利数总共涵盖 79 个国家，共计 120 086 件绿色专利。图 3-1 为通过以上方法计算的国家层面绿色知识水平排名前十的国家。可以看出，排名前十的国家绿色专利数合计占 79 个国家绿色专利总数的 93%，其中韩国、德国、日本的绿色专利数均超过 10 000 件，且这三个国家的绿色专利数合计超过 79 个国家绿色专利总数的一半。另外，日本的绿色专利数达到 54 042 件，超过 79 个国家绿色专利总数的三分之一，这表明日本的绿色知识水平远超世界其余各国。

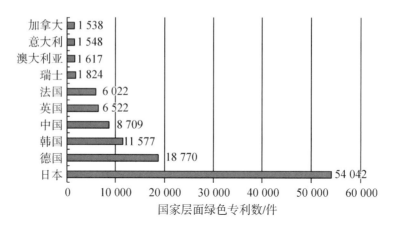

图 3-1　绿色知识水平排名前十的国家

（注：国家层面剔除了美国专利数据）

另外，从各大洲绿色专利数来看（见图 3-2），亚洲和欧洲绿色知识水平远超过其他大洲。其中，亚洲绿色专利数占据各大洲绿色专利总数的 63%，非洲、北美洲和大洋洲的绿色专利数合计仅占总数的 3%。

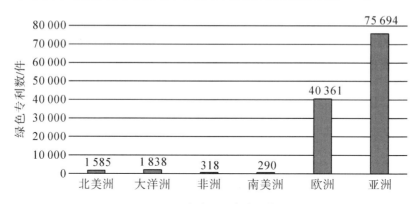

图 3-2　各大洲绿色专利数

（注：国家层面剔除了美国专利数据）

除了整体特征外，我们还分析了不同国家人均绿色专利数排名情况以及分布特征，图 3-3 为人均绿色专利数排名前十的国家。可以看出，日本、韩国、瑞士和德国的人均绿色专利数均超过了 2 件，且日本的人均绿色专利数高达 4.22 件。第五到第八的国家人均绿色专利数超过了 1 件。整体而言，人均绿色专利数排名前十的国家中，欧洲国家占了 7 个，表明在人均绿色专利方面欧洲国家显著领先于其他大洲国家。

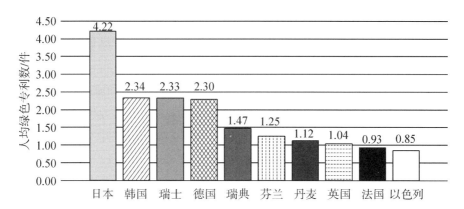

图 3-3　人均绿色专利数排名前十的国家

（注：国家层面剔除了美国专利数据）

图 3-4 为各大洲人均绿色专利分布情况。可以看出，大洋洲、欧洲和亚洲的人均绿色专利占比加起来为 94%。其中，大洋洲人均绿色专利占比最高，为 39%，欧洲为 29%，亚洲则为 26%。整体而言，发达国家的人均绿色专利占比强于发展中国家，这与发达国家的人口数量较少也有关。

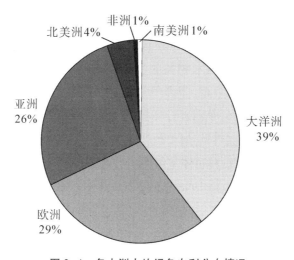

图 3-4　各大洲人均绿色专利分布情况

（注：国家层面剔除了美国专利数据）

我们已经主要对国家层面绿色知识水平的计算方法进行了详细的说明。接下来，我们利用计算的国家层面绿色专利数的变化来说明全球范围内绿色知识水平自 1980 年以来的整体变化特征。

为了定量化描述国家层面绿色知识水平，本书将国家所拥有的绿色专利数作为量化国家绿色知识水平的指标。目前，最常用的绿色专利检索方式是按照专利分类号对其进行检索。

国际上较为流行的绿色专利分类体系是由世界知识产权组织所提出的国际专利分类绿色清单。此外，欧美发达国家以及其他部分机构亦推出了专门的绿色专利库以方便对绿色专利进行查阅。如美国联邦专利和商标局（USPTO）推出了绿色专利分类索引系统（EST Concordance），欧洲专利局引入新分类代码（Y02）专门代表绿色专利，中国亦有江苏省绿色技术知识产权公共服务平台可以进行绿色专利的查询与检索。然而，这些检索系统或分类体系仍需要进行进一步完善。鉴于此，本书主要选取国际主流的IPC Green Inventory 来进行绿色专利技术的分类、筛选与查询。

IPC Green Inventory 是国际专利分类（IPC）专家委员会按照《联合国气候变化框架公约》所列的技术词语进行制定的，其主要分为以下七个板块：可替代能源（alternative energy production）、交通运输（transportation）、能源节约（energy conservation）、废弃物处理（waste management）、农林业（agriculture / forestry）、行政监管与设计（administrative, regulatory or design aspects）和核能发电（nuclear power generation）。这七个板块又涵盖了约200 余个与环境友好技术相关的类别。相较于其他环境专利库，IPC Green Inventory 分类更加全面，内容更加完善，因此本书选择 IPC Green Inventory 为参考标准对绿色专利进行分类。

图3-5 是全球绿色专利年增长数变化趋势。可以看出，1980 年至1996年，全球绿色专利年增长数总体呈缓慢上升趋势，而1998 年后呈显著上升趋势，绿色专利年增长数由1998 年的2 500 件左右飙升至2010 年的11 000件左右。这表明人们越来越关注环境保护等方面的研究。

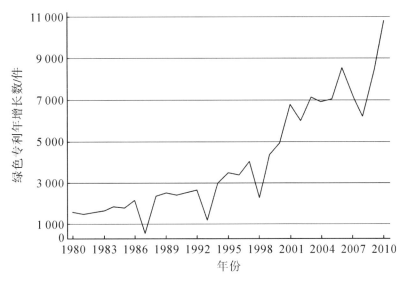

图 3-5 全球绿色专利年增长数变化趋势

（注：国家层面剔除了美国专利数据）

为了更好地研究全球绿色专利的增长过程，我们以 IPC Green Inventory 的分类方式为标准，将 1980 年至 2010 年全球所有国家和地区新增的绿色专利分为七类，并分别计算不同类别的绿色专利的逐年增长情况。由图 3-6 可知，全球核能发电和农林业两类的绿色专利年增长数自 1980 年开始基本不变，维持在每年新增 200 件左右。1980 年至 1995 年，交通运输类绿色专利年增长数的变化与核能发电和农林业两类的绿色专利年增长数变化基本一致，也维持在每年新增 200 件左右；而自 1995 年开始，交通运输类绿色专利年增长数逐年增加，并于 2010 年达到了年增加 500 件左右。1980 年至 2000 年，行政监管与设计类绿色专利年增长数的变化趋势与交通运输类绿色专利年增长数的变化趋势基本一致，即年增长数在 200 件左右；行政监管与设计类绿色专利年增长数于 2001 年出现爆炸式增长，由 2000 年的不到 500 件猛增至 2001 年的 1 900 多件；随后行政监管与设计类绿色专利年增长数逐年减少，到 2010 年维持在 600 件左右。剩下的三个分类中，能源节约类和可替代能源类的绿色专利年增长数总体均呈显著上升趋势，其中，1980 年至 1986 年，两者年增长数并没有明显变化；但是，自 1987 年开始，两者年增长数均呈现较显著的上升趋势。可替代能源类绿色专利年增长数自 2008 年开始呈井喷式增长；而能源节约类绿色专利年增长数，虽然也有所增长，但是增长并不显著。1980 年至 1995 年，废弃物处理类绿色专利年增长数最多，基本上每年增长数都超过 800 件；1996 年至 2005 年，废弃物处理类绿色专利年增长数被可替代能源类绿色专利年增长数超越；而自 2006 年开始，废弃物处理类绿色专利年增长数逐年减少。整体而言，自 1980 年以来，核能发电、农林业以及交通运输三类的绿色专利年增长数均基本不变，维持在每年 500 件以下，表明这三类绿色专利并不受重视。而行政监管与设计类绿色专利年增长数虽然在 2001 年出现了爆炸式增长，但是随后其年增长数逐渐回落，这表明该类绿色专利在近几年并未受到关注。而自 1993 年开始，废弃物处理、能源节约和可替代能源三类的绿色专利年增长数均呈现较显著的上升趋势。其中，自 2005 年开始，废弃物处理类绿色专利年增长数呈现较显著的下降趋势；而能源节约和可替代能源两类的绿色专利年增长数则呈显著上升趋势，尤其是可替代能源类绿色专利年增长数自 2008 年开始呈井喷态势，到 2010 年甚至达到年增加 6 500 件绿色专利。这表明近年来能源问题与环境问题越来越受到人们关注，尤其是在可替代能源方面。这也与文献综述中关于环境制度压力和跨国企业绿色创新中的内容基本一致。

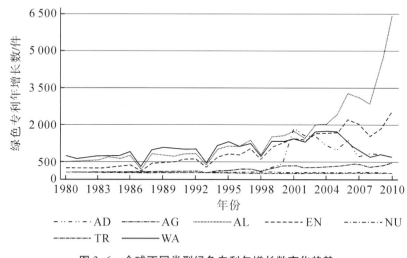

图 3-6 全球不同类型绿色专利年增长数变化趋势

（注：AD 代表行政监管与设计，AL 代表可替代能源，NU 代表核能发电，WA 代表废弃物处理，AG 代表农林业，EN 代表能源节约，TR 代表交通运输。国家层面剔除了美国专利数据）

为了更好地分析不同国家的绿色知识变化特征，我们选取了世界上拥有绿色专利最多的前五个国家，并分析了它们自 1980 年以来的绿色专利增长情况。由图 3-7 可知，英国和法国的绿色专利增长基本持平，年均绿色专利增长在 200 件左右；韩国的绿色专利在 2004 年之前年增长数小于英法两国，但在 2004 年后呈现井喷式增长，并于 2006 年超越第二名的德国，其绿色专利年增长数正式跃居世界第二，并于 2010 年达到年增长 2 500 件左右；日本的绿色专利年增长数自 1998 年后亦呈现井喷式增长，并于 2010 年达到年增长 3 500 件左右。整体而言，2000 年之后韩国和日本正式跃居全球绿色专利新增数排名的前两名，表明相较于欧洲的老牌发达国家，亚洲的发达国家更加注重环境问题，在环境问题方面的投入也越来越多。

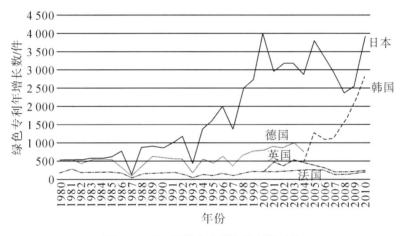

图 3-7 前五国绿色专利年增长数对比

（注：国家层面剔除了美国专利数据）

3.2.2 跨国企业进口的二氧化硫密集度指标

跨国企业进口的二氧化硫密集度指标是本书第 4 章分析的重点。我们利用 Hausmann 等（2007）的方法并对其进行拓展来测算该指标。

首先，利用世界各国出口数据测算每个产品所对应的比较优势系数。计算公式如下：

$$\text{Compad}_{jk} = \frac{\dfrac{x_{jk}}{X_j}}{\sum_j \dfrac{x_{jk}}{X_j}} \tag{3-1}$$

其中，下标 k 表示一种基于 HS1992 的 6 位码产品；下标 j 表示一个国家或地区；X_j 表示国家 j 的出口总额；X_{jk} 表示国家或地区 j 出口产品 k 的总额；$\dfrac{x_{jk}}{X_j}$ 表示国家 j 产品 k 的出口份额。该系数表示国家或地区 j 在产品 k 出口方面的显性比较优势。该比较系数的优点在于有效避免了一国的经济体量的干扰（Hausmann et al.，2007）。

其次，我们利用显性比较优势系数（$Compad_k$）和各国出口贸易中所含的二氧化硫排放总量（SO_{2j}）形成产品 k 所蕴含的二氧化硫密集度。计算公式如下：

$$SO_2\_int_k = \sum_j Compad_{jk} \times SO_{2j} \qquad (3-2)$$

最后，我们以跨国企业 i 进口产品 k 的金额占其进口总金额的比重为权重，汇总跨国企业层面二氧化硫密集度。计算公式如下：

$$firm\_SO_{2i} = \sum_k \left(\frac{x_{ik}}{X_i}\right) SO_2\_int_k \qquad (3-3)$$

$firm\_SO_{2i}$ 表示跨国企业 i 的进口二氧化硫密集度。这也是在跨国企业层面衡量跨国企业进口活动的二氧化硫密集度，对于衡量跨国企业进口活动中的污染外包具有重要的参考意义。

4 绿色金融制度压力
与跨国企业双元重构

改革开放以来，中国的经济飞速发展。凭借着较低的劳动力成本和较大的消费需求，中国的制造业取得了飞速的发展并成为全球制造业转移的承接国。工业化程度的加深虽然促进了经济发展，但对环境造成了污染。随着全球对环境可持续性问题的日益关注，跨国企业发展所带来的环境问题更值得引起重视。作为一个发展中国家，中国的经济发展水平和技术都与发达国家有一定差距，为了推动经济高速发展，中国不可避免地付出了环境代价。

为了应对环境污染问题，政府必须制定相应措施来平衡跨国企业发展与环境保护。因此，制定良好的环境规制是实现可持续发展目标的关键（OECD，2009）。中国政府先后颁布了一系列环境保护法律法规和政策，期望从根源上防治污染并保护环境。2012 年发布的《绿色信贷指引》是中国政府首次提出绿色信贷政策，这一政策的提出，标志着中国政府对环境污染的重视，也标志着污染密集型跨国企业将面临更大的社会压力、投资风险以及声誉风险。《绿色信贷指引》克服了以往政策实施的不足，被认为是中国绿色信贷政策的一个里程碑。

目前，环保问题已经成为全球性的话题。在中国，《绿色信贷指引》的提出能够有效缓解污染密集型跨国企业的关停给商业银行带来的信贷风险。此外，作为商业银行未来的重要发展趋势，《绿色信贷指引》的提出为商业银行的发展提供了机遇。绿色信贷能够将国民经济的发展引导至良性发展的层面上。首先，它能够促进商业银行业务转型以及信贷结构调整。绿色信贷是在政府政策倡导下提出的理论，它完全符合当今社会绿色环保的发展趋势，因此商业银行转向绿色信贷有助于完成自身的业务转型，并为自身创造出更大的发展空间。其次，履行绿色信贷是商业银行履行社会责任的重要内容。以银行为代表的社会金融机构在社会经济的发展过程中起着重要的作用，其金融活动会直接影响社会利益的传导。因此，银行等金融机构在追求利益最大化的同时，也要承担起相应的社会责任。而发展绿色信贷能够合理分配社会资源、杜绝资源浪费，并促进污染密集型工业的绿色转型。可以说，绿色信贷政策会推动社会、经济、环境的可持续发展，这正是商业银行承担社会责任的体现。最后，绿色信贷能够提高商业银行的风险管理水平。若跨国企业因为违反了环保相关的法律法规而停产，则可能无法偿还信贷资金从而使得银行亏损；跨国企业停产也会对银行的社会声誉造成损失。因此，商业银行应通过绿色信贷来提升自身的抗风险能力。

然而，面对这样的政策我们需要思考两个问题：①绿色信贷政策是否能达到保护环境的目的？②在政策和跨国企业的竞争力之间是否能找到平衡点？由于前提假设、研究对象、样本大小、实验方法的不同，学者们对于这两个问题有着不同的看法。部分学者认为，绿色信贷与跨国企业的竞争力能够达到相互成就的局面。"波特假说"认为，适当的环境制度压力能够促进跨国企业的创新，这意味着环境规制将提高产品质量和产业生产率，从而可能使跨国企业在国际市场上获得竞争优势。然而，由于跨国企业异质性的存在，不同跨国企业面对绿色信贷的反应有所不同。除了技术创新外，跨国企业还可以通过进口来替代污染密集型产品的生产或购买。由此引出了"污染天堂假说"，即在自由贸易条件下，发达国家与发展中国家的环境规制差异将显著影响污染密集型跨国企业的生产成本，导致环境规制高的国家的污染密集型产业会将工厂转移到环境规制低的国家，或者通过扩大污染密集型产品的进口来替代本国污染密集型产品生产，形成污染的空间转移。

目前，面对绿色信贷政策，大部分跨国企业选择了污染外包这一解决方案。污染外包，即跨国企业在生产过程中将一部分生产内容分包给位于海外的跨国企业。目前已经有很多关于污染外包的研究（Grossman et al.,

2005；Hsieh et al.，2005；Tomiura，2007），但鲜有研究关注绿色信贷对跨国企业研发投入的影响。

本章将从跨国企业的角度出发，在制度理论的大框架下，结合组织双元性理论、"污染天堂假说"以及"波特假说"，系统分析绿色金融制度（绿色信贷政策）所带来的制度压力是否会对跨国企业双元重构（污染外包和绿色创新）选择产生影响。虽然 Cole 等（2014）研究了跨国企业层面的污染外包以及可能受到环境规制成本影响的理论和经验机制，但是他们只从日本市场的视角进行了分析。本章则主要聚焦于中国市场，利用跨国企业数据，对比分析了绿色信贷政策对不同行业跨国企业双元重构的影响过程。其中，污染外包状况就用进口商品的二氧化硫含量来表示。

图 4-1 为本章的研究框架。可以看出，本章主要关注绿色金融制度（绿色信贷政策）压力对跨国企业双元重构的影响。其中，跨国企业双元重构分为逃离和创新两方面，其表现形式分别为污染外包和绿色表彰数。

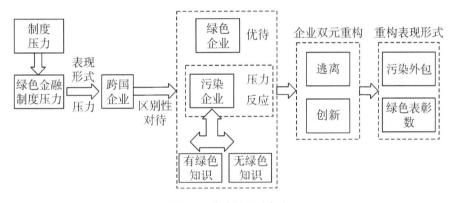

图 4-1 本章的研究框架

本章结构安排如下：4.1 对现有相关文献进行梳理，为本章提供研究依据；4.2 对制度背景、理论与研究假设进行阐述；4.3 说明数据来源、核心变量的构造和处理方法以及模型的构建；4.4 进行实证分析，包含稳健性检验、异质性分析以及拓展性分析；4.5 为本章小结。

4.1 研究背景

4.1.1 绿色信贷指引

2012 年 2 月 24 日，中国银行业监督管理委员会发布了《绿色信贷指引》。其内容主要是要求中国金融机构支持绿色低碳的经济增长模式，提高绿色信贷金融服务水平以及增强绿色信贷债务支持能力。该指引首次对绿色信贷这一方面进行了具体的界定与安排，是中国首部专门针对绿色信贷的规范性文件（张光平 等，2016）。这一政策的提出，表明近年来中国政府对环境和资源保护的政策调控力度加大，同时也意味着那些污染密集型行业的跨国企业将会面临更大的社会压力、投资风险、环境诉讼风险和较高的声誉风险。《绿色信贷指引》的颁布，能够从融资层面促使污染密集型跨国企业实现产业转型和升级。

在中国提出绿色信贷这一概念之前，银行业就已经注意到环境风险对银行的贷款和服务所造成的风险和影响。2002 年，由国际金融公司和荷兰银行联合提出的赤道原则（EPs）被视为首个由银行确定、评估和管理贷款的环境和社会风险的风险管理框架。绿色信贷能够让银行在贷款时考虑跨国企业的绿色创新能力，并通过向具有不同绿色创新能力的跨国企业提供差异化的融资服务来实现经营目标。这一政策有利于实现经济的可持续发展（Nandy et al.，2012）。绿色信贷能够通过信贷资源来调节污染密集型跨国企业的资金流动，从而加快其产业结构升级，最终促使污染密集型跨国企业的经济转型和可持续发展（He et al.，2019；Serrano-Cinca et al.，2016）。相较于绿色跨国企业，"两高"（高耗能和高排放）跨国企业所面临的环境风险要大得多，因此银行除了向具有不同绿色创新能力的跨国企业提供不同的利率外，还可以尝试更多的方法来降低其环境问题所带来的风险（Thompson et al.，2004）。其中一种方法是收紧对"两高"跨国企业的贷款条件，延长对绿色跨国企业的债务融资期限。Liu 等（2019）的研究发现，绿色信贷政策降低了污染密集型跨国企业的债务融资比率并缩短了其债务融资期限。这是由于污染密集型跨国企业面临较高的环境规制成本、较大的公共压力和较高的环境诉讼风险。这主要反映在银行借款和贷款的减少，尤其是金融生态系统薄弱地区的跨国企业。2018 年年底，中国的绿色信贷总额达到 8.23 万亿人民币，同比增长了 16%（He et al.，2019）。随着绿色信贷的快速发展，其对跨国企业的影响也越来越值得关注。

金融政策的发展，会对具有不同绿色创新能力的跨国企业融资约束产生明显影响（Goss et al.，2011）。而绿色信贷政策对金融发展水平的提高起到显著的促进作用，同时也能减少金融发展对环境的负向作用。因此，绿色信贷政策可能会对跨国企业融资约束产生影响。Weber（2012）研究了加拿大如何将环境风险纳入跨国企业贷款的考量范围，结果表明加拿大的银行对贷款的环境检查持积极态度。银行可能会因借款人不良的环境绩效拖欠债务而面临财务风险，因此，银行通过在贷款决策中引入环境标准来最大限度地降低这些风险。然而这一标准常常基于跨国企业自身编写的环境报告。而缺乏统一标准的报告可能会导致不同跨国企业在不同国家提供不同的信息，这一行为使得银行无法以标准化和可比较的格式估算环境脆弱跨国企业的全部风险溢价（Evangelinos et al.，2009）。绿色信贷政策能够降低银行与跨国企业之间的信息不对称所带来的风险（Serrano-Cinca et al.，2016）。鉴于此，Evangelinos 和 Nikolaou（2009）提出了一种新的方法来标准化和量化具有不同绿色创新能力的跨国企业的全部风险溢价，从而向银行以及感兴趣的利益相关者揭示公司运营产生的真实环境风险。这能够帮助银行更好地甄别具有不同环境特征的跨国企业并对其提供差异化贷款服务。这一方面能够增加污染密集型跨国企业的债务融资成本（苏冬蔚 等，2018）；另一方面能够降低绿色跨国企业的债务融资成本。Zhang 等（2011）调研了绿色信贷政策在中国的实施情况。结果表明，绿色信贷政策并未得到充分实施。目前存在的主要问题在于对"两高"行业的广泛影响、模糊的政策细节、执行标准不明确以及环境信息不足等方面。Serrano-Cinca 等（2016）研究了小型跨国企业如何将环境问题纳入其决策系统来评估信贷申请。Li 等（2018c）对绿色贷款补贴进行了研究，发现政府提供的绿色贷款补贴提高了跨国企业进行技术创新的意愿，但同时也增加了技术创新的风险。同时，补贴可以增强对环境的积极影响。因此绿色贷款补贴是实现可持续发展的有效途径。Kang 等（2020）发现，制造商可以通过将供应商的污染降低到理想水平来创造附加价值。同时，制造商应增强其减少污染的能力，从而通过绿色信贷政策获得更多激励措施。Liu 等（2017）的研究表明，绿色信贷政策在抑制能源密集型产业的投资方面是有效的，而在调整工业生产结构方面则相对无效。

《绿色信贷指引》政策的颁布也是影响债权人风险感知的重要因素（Stiglitz et al.，1981）。《绿色信贷指引》的实施限制了银行向污染密集型跨国企业提供贷款。同时，《绿色信贷指引》也表明政府将严格管控污染密集型行业，这进一步限制了污染密集型跨国企业进行信贷融资。

4.1.2 环境风险的测量

随着绿色信贷理论的成熟与发展，银行如何对跨国企业绿色信贷能力进行测量变得越来越重要。鉴于环境问题对于银行、证券交易所以及保险公司等金融机构的影响较大，学者们提出了几种方法来衡量这种风险（Ng et al.，2008）。同时，环境风险与金融风险和社会风险之间存在着密切的关系，因此国家统计局在衡量环境风险的同时，也要对其所造成的金融风险和社会风险进行衡量。目前对于环境风险的测量方法主要有以下四种：①环境可持续性指标方法（environmental-sustainability indicators methodologies）；②排序方法（ranking methodologies）；③问卷调查方法（questionnaire surveys methodologies）；④会计数据分析方法（accounting data analysis methodologies）。第一种方法包括提供能够衡量跨国企业可持续性绩效指标的方法，即衡量那些与可持续性问题相关的风险的方法。这一方法又可以分成两个小类：构成环保可持续性跨国企业概念的单一指标（如经济、环境和社会要素等）以及通过综合指标方法衡量环境和可持续性绩效的综合指数。Vandermeulen等（2003）提出了在铁路行业测量环境绩效的分析方法。Azapagic（2004）则建立了衡量跨国企业环境保护绩效的总体指标框架。同时，道琼斯可持续发展指数（Dow Jones Sustainable Index，DJSI）和社会责任指数（FTSE4Good）等方法提供了衡量可持续发展绩效的综合框架（Cerin et al.，2001）。第二种方法的核心观点为：某些行业较其他行业在环境方面更敏感。比如相较于金融业，化学行业对于环境污染等方面更敏感。鉴于环境给银行带来的风险（包括直接、间接和声誉风险），Thompson（1998）提出了这一方法并用其评估了英国主要行业面临的环境风险排名，他还根据环境合规水平以及环境修复成本提出了其他的排名方法来对行业环境风险进行排名。第三种方法有助于计算会员加权行业敏感指数（membership weighted industry sensitivity index）（Thompson，1998），该指数主要通过环保团体对不同行业环境的审查程度来对环境敏感跨国企业进行排名（Deegan et al.，1996）。第四种方法则是从会计方法中获取信息的排名方法。研究表明，环境会计（envrionmental accounting）可以帮助组织在金融部门表达与环境或社会有关的潜在负债（De Beer et al.，2006）。部分学者认为，环境核算方法是衡量不同环境风险与跨国企业环境事故相关的成本的重要工具（Karvonen，2000）。因此，Ilinitch 等（1998）使用该方法来衡量跨国企业的环境效益。

4.1.3　跨国企业污染外包

近年来，关于国际贸易和环境污染之间的复杂关系的研究越来越多（Cole et al.，2003；Lovely et al.，2011）。其中，学者们主要关注发达国家严格的环境规制是否会降低跨国企业的竞争力。结果表明，在严格的环境规制下，污染密集型跨国企业往往会进行污染外包，即将污染密集型生产搬迁至环境规制不那么严格的地区以降低生产成本。

污染外包，作为"污染天堂假说"最为核心的部分，是指跨国企业越来越倾向于将污染密集型生产分包给设在环境规制不那么严格的国家或地区的跨国企业。目前大部分的研究关注污染外包对跨国企业生产力的潜在积极影响（Hsieh et al.，2005；Tomiura，2007）。

然而，通常情况下，污染外包很有可能对全球环境有害。因为污染密集型生产曾经在环境规制严格的国家或地区进行，而现在污染密集型生产发生在了环境规制不那么严格的国家或地区。但是，即使采用相同的技术，由于外包产品在国内和国外之间的运输所造成的相关污染的增加，国际外包仍可能导致污染的净增加。同时，任何公平的气候变化政策都需要解决国际外包问题，即气候变化政策的设计需要考虑到这些潜在的复杂贸易关系。这种复杂性是气候协定难以制定的主要原因（Cole et al.，2014）。

此外，不断增加的环境规制对于国家的影响可能并没有想象中严重，因为大部分跨国企业并不会因为环境规制的增加所造成的竞争力丧失而倒闭，而会根据成本结构的变化进行调整，并将污染最严重的部分外包出去。虽然在外包过程中跨国企业的部分员工会失去工作，但可能会使得跨国企业在其他方面（如设计、研究等）创造出更多的工作机会和工作岗位，从而创造更多的经济效益。

4.1.4　绿色金融制度压力对跨国企业绿色创新的影响

自 2016 年绿色金融引入 G20 议程以来，绿色信贷政策在全球范围内受到越来越多的关注。最近的研究表明，绿色信贷政策在中国的实施增加了污染密集型跨国企业的融资成本，并在短期内减少了它们的银行贷款和资本投资，降低了运营绩效和生产力（Xu et al.，2020）。同时，作为环境规制的重要工具，绿色信贷政策能够通过信贷约束来刺激污染密集型跨国企业进行绿色创新，因为它决定了污染密集型跨国企业绿色转型的有效性。

现阶段跨国企业进行创新的成本较高，因此跨国企业自身不愿意进行创新，需要政府通过环境规制进行干预。从理论上讲，环境规制旨在将污染密集型跨国企业的外部成本内部化，实现污染密集型跨国企业与代表公共利益的政府之间的平衡，鼓励其选择有利于环境保护的生产策略（Porter et al.，1995）。绿色信贷政策提高了贷款门槛，使污染密集型跨国企业面临更严格的短期信贷约束和更高的融资成本，甚至无法获得信贷融资并使资本投入减少（Xu et al.，2020）。因此在不搬迁的前提下，跨国企业只能选择减产、停产或就地进行绿色创新。如果选择减产或停产，不仅跨国企业利润减少，而且与初始投资相关的成本（如工厂建设和维护、当地市场开发、客户群维护等）将全部无法回本。随着这些成本的增加，污染密集型跨国企业的利润会减少。当减产或停产成本接近绿色创新的预期成本时，跨国企业倾向于进行绿色创新。同样，如果选择就地绿色创新，跨国企业可以获得低成本的信贷融资并覆盖初始投资成本。此外，绿色技术的应用降低了环境违规成本，帮助跨国企业获得了竞争优势和更高的社会声誉，产生了创新的"收入补偿效应"（Porter et al.，1995）。

此外，绿色信贷政策通过强化污染密集型跨国企业的合法性动机，推动节能环保的绿色创新。绿色信贷具有的信息共享机制使跨国企业面临银行取消信贷和政府环境处罚的双重压力。因此，跨国企业更有动力追求环境规制合法性（满足绿色信贷政策要求）以加强环境管理。同时，贷款的减少和环境处罚成本的增加会反映在财务报告中，最终传递给投资者、客户、供应商等利益相关者，从而产生负向影响。因此，跨国企业也有动力追求认知合法性（满足公众环保要求）来加强环境管理。当环境管理不善的成本接近甚至超过绿色创新的预期成本时，跨国企业倾向于进行绿色创新。

4.2 制度背景、理论与研究假设

4.2.1 制度背景

长期以来，环境风险对于银行的贷款和服务所造成的风险和影响一直受到人们的关注。2002 年，由荷兰银行和世界银行下属的国际金融公司共同提出的赤道原则被视为首个连接银行业务和环境风险的条款，也被视为银行评估和管理贷款的环境和社会风险的风险管理框架。2012 年 2 月 24 日，中国银行业监督管理委员会发布了《绿色信贷指引》。其内容主要是要求中国金融机构，尤其是《关于执行大气污染物特别排放限值的公告》所涉城市的金融机构，要支持绿色低碳的经济增长模式，提高绿色信贷金融服务水平以及增强绿色信贷债务支持能力。绿色信贷业务的开展需要一个透明公开的环境，同时也需要公众的监督。绿色信贷政策将跨国企业对环境与生态的影响作为衡量标准及信贷审批的前提条件，这属于利用经济杠杆引导环境保护，最终推动跨国企业以事前治理替代事后的污染治理。绿色信贷政策的目标在于帮助跨国企业减少污染，节约资源，从源头上改变跨国企业先污染后治理的粗放型经营模式。同时，绿色信贷政策更加注重可持续发展，关注生态经济效益的长远可持续发展，促进金融发展与生态发展形成良性循环。可以说，绿色信贷政策不仅是一种挑战，还是一种机遇。

4.2.2 相关理论简述

4.2.2.1 制度理论

制度理论提供了对组织行为和战略的非经济解释（Scott，2005）。根据制度理论，组织结构和行为在很大程度上是由周围环境决定和合法化的（Child，1997）。制度通过明确跨国企业生产、交换和分配的细则来规范经济活动。因此，跨国企业必须遵循既定的规则与规范体系以获得合法性，并调动其社会、经济和政治资源，以适应特定的制度环境，从而提高跨国企业绩效。因此，制度理论可用于揭示社会价值观、技术进步和法律法规变化如何影响跨国企业有关的 "绿色" 可持续活动以及环境管理决策（Peng et al.，2008；Hoffman et al.，1999）。制度对跨国企业施加的约束性影响又被称为同构，受到相同同构影响的跨国企业行为会逐渐趋于一致。同构往往又被分为三种：①强制同构；②规范同构；③模仿同构。其中，强制同构主要来自外部有权势的人对跨国企业施加的强制压力，这种强制压力对于推动跨国企业的环境管理以及可持续发展至关重要；规范同构的驱动因素能够确保跨国企业符合环保要求，以便确保跨国企业环境行为的合法性；而当跨国企业模仿行业中成功竞争者的行为以试图复制成功之路并因此获得合法性时，就会出现模仿同构驱动因素。整体而言，强制同构、规范同构和模仿同构都会导致组织调整其流程以匹配其制度环境（DiMaggio et al.，1983）。强制同构是正式压力和非正式压力的结果，包括响应政府监管；规范同构是该领域专业化的结果；而模仿同构发生在公司复制或模仿该领域其他组织的实践时（DiMaggio et al.，1983），实际上，组织会根据其制度环境改变其实践。

相较于其余不服从制度压力的跨国企业而言，服从制度压力的企业能够获得更多的资源和更强的生存能力，能够应对外部环境改变所带来的制度及压力变化。因此，制度可以定义跨国企业什么样的行为是适当的或合法的（什么是可接受的行为），这将影响组织的决策方式。为了在制度不同的市场中获得竞争优势，跨国企业倾向于在保持效率的同时争取合法性。然而，外部制度环境可能会通过各种机制影响跨国企业决策，从而导致公司的战略反应旨在应对它们所感知的制度压力（Oliver，1991）。

文献表明，跨国企业是具有共同价值观和模式的全球组织的一部分。由于跨国企业自身特性，其面临着极其多样化的本地和全球压力。跨国企业的性质决定了其往往在两个不同的领域进行活动，分别是国家领域和国际领域。相较于其他跨国企业，跨国企业的子公司将承受来自东道国制度环境和组织内部制度环境的同构压力。由于跨国企业自身的特殊性，其必须在每个子公司的层面以及整个组织的层面保持合法性，因此其对于外部制度压力更为敏感。

4.2.2.2 组织双元性理论

目前对于组织双元性的定义主要可以分成两种：第一种将组织双元性视为一种组织能力，第二种则将其定义为一种分析范式（张钢 等，2013）。也有部分文献把双元性概念化为两个视角，即开发和探索的结合与平衡（Cao et al.，2009）。开发是为了优化现有材料或技术，而探索是为组织系统化收集新的信息和知识。跨国企业能够平衡开发与探索的关系，以实现更好的发展。跨国企业的开发主要体现在其能够从现有资源、市场和能力中开发价值,以保证当代实用性。与此同时,跨国企业还会积极探索新产品、市场和机会,以保证未来的发展(Sahi et al.,2020)。

4.2.2.3 污染天堂假说

"污染天堂假说"一直是国际贸易领域的研究热点。基于贸易理论的"污染天堂假说"可以追溯到40多年前(Walter et al.,1979)。"污染天堂假说"是指如果竞争公司仅在所面临的环境规制严格性方面有所不同,那么面临相对严格的环境规制的公司将失去竞争力,即更为严格的环境规制将增加跨国企业的生产成本,导致跨国企业将污染密集型产业向环境规制更为宽松的地区转移,从而降低成本(Levinson et al.,2008)。由于发展中国家的环境标准普遍低于发达国家,"污染天堂假说"在现实中更多地表现为发达国家将高排放产能向发展中国家转移,并通过贸易返销来满足自身对高排放产品和服务的需求。整体而言,"污染天堂假说"主要以成本为基础。

4.2.2.4 波特假说

Porter 和 Linde(1995)认为,精心设计和执行良好的环境规制将有利于环境和跨国企业发展,这一思想被称为"波特假说"。"波特假说"认为跨国企业会面临部分市场不完善问题,如信息不对称、组织惯性或控制问题。环境规制能够帮助跨国企业积极寻求以往被自身忽视的外部投资机会,因此,环境规制经常会被宣传为一种能够带来更好的环境质量和更高的跨国企业生产力的"双赢"战略(Ambec et al.,2020)。

自"波特假说"提出以来,证明或反驳该假说一直是许多研究讨论的焦点。目前已有研究将"波特假说"分为三类:"弱波特假说""强波特假说"以及"狭义波特假说"(Jaffe et al.,1997)。三者的区别已在2.1.3中进行了归纳与总结,故在此不再赘述。

4.2.3 研究假设

根据前面的分析可知,绿色信贷政策对跨国企业进口行为的影响主要通过以下两点来解释:第一,绿色信贷政策的实施会对污染密集型跨国企业的融资贷款产生严格限制,同时污染密集型跨国企业也将受到政府部门的严格控制,这一系列限制措施会迫使跨国企业采取各种方法(如进行绿色创新、更新设备、优化工序等)来降低污染排放以获取政府部门以及银行更多的支持。而以上举措会增加跨国企业环境成本并减少跨国企业盈利空间。但跨国企业追求的是利益最大化，因此必然会选择更为经济的方式来降低成本。第二，随着经济全球化的推进和贸易壁垒的不断削弱，跨国企业信息获取成本以及交通运输成本日趋下降，且目前尚未形成全球范围内统一的完全覆盖的环境制度体系。因此，各国因环境规制差异而形成的排放成本差异，会促使跨国企业将受管制产能转移至低环境规制地区来实现"产能避难"或直接从低环境规制地区进行采购，并通过国际贸易等方式来返销本国市场，满足国内消费者需求。在此情况下，以进口代替生产来进行污染外包就成了跨国企业顺应绿色信贷政策最为合适的选择。基于此，我们可以提出如下假设：

假设 1：相较于非试点地区，绿色信贷政策的实施，使得试点地区跨国企业倾向于进口更多二氧化硫密集度高的商品来进行污染外包。

绿色信贷政策的一个重要特点是能够影响跨国企业债务融资成本。绿色信贷政策的实施提高了污染密集型跨国企业债务融资成本，同时降低了绿色跨国企业债务融资成本。在这种条件下，污染密集型跨国企业向银行进行借贷融资的难度上升，且成本增加；与之相对，绿色跨国企业的借贷与融资压力减弱。此消彼长之下，绿色跨国企业的发展前景更好，而污染密集型跨国企业的发展会受到越来越多的限制。在这种情况下，污染密集型跨国企业只有通过进行绿色升级来提高自身绿色水平才能应对绿色信贷政策带来的影响。基于此，我们可以提出以下假设：

假设 2：相较于非试点地区，绿色信贷政策的实施对试点地区跨国企业的绿色创新起到显著的正向促进作用。

4.3 数据和模型设置

4.3.1 数据来源

本章的研究数据主要来自沪深 A 股市场上市公司中有国际化行为的跨国企业在 2000—2015 年的数据，这些上市公司按广义的定义属于跨国企业。微观层面数据来自国泰安数据库（CSMAR）。为保证后续实证结果更为稳健有效，本章剔除了金融保险行业、样本期内 ST 上市公司以及政策实施之后上市的跨国企业数据。此外，核心变量进口产品二氧化硫排放密集度的构造涉及世界各国贸易数据、中国海关进口数据以及世界各国二氧化硫排放数据。其中，二氧化硫排放数据来自欧盟委员会联合研究中心（European Commission's Joint Research Centre）。

4.3.2 模型构建

政策评估的逻辑起点是通过科学有效的评估，为政府矫正市场失灵提供有效参考。目前，政策评估类实证文献多采用断点回归、合成控制法、倍差法。其中，倍差法通过对比政策实施地区在实施前后的表现差异，以及同时期没有实施该政策的表现作为横向比较，使得依据时间序列信息进一步探究政策的纵向表现成为可能。在环境经济研究中，通过引入行业属性作为第三重差分，从行业特征引致的不可观测因素中有效剥离政策效果，从而得出更为科学的研究结果。基于三重差分模型（Difference-in-Difference-in-Difference，DDD），本章构建如下模型：

$$
\begin{aligned}
\ln\_frim\_SO_{2\,ijrt} = {} & \beta_0 + \beta_1 treat1_r \times treat2_j \times post_t + \\
& \beta_2 treat1_r \times post_t + \beta_3 treat2_r \times post_t + \\
& \beta_4 treat1_r \times treat2_j + \rho\,x_{it} + \gamma_i + \alpha_t + \varepsilon_{ijrt}
\end{aligned} \tag{4-1}
$$

$$
\begin{aligned}
\ln\_EnvstrG_{ijrt} = {} & \beta_0 + \beta_1 treat1_r \times treat2_j \times post_t + \\
& \beta_2 treat1_r \times post_t + \beta_3 treat2_r \times post_t + \\
& \beta_4 treat1_r \times treat2_j + \rho\,x_{it} + \gamma_i + \alpha_t + \varepsilon_{ijrt}
\end{aligned} \tag{4-2}
$$

其中，i、j、r、t 分别表示跨国企业、地区、行业以及时间，ε_{ijrt} 是随机扰动项。被解释变量 $\ln\_frim\_SO_{2\,ijrt}$ 表示公司 i 的进口活动所蕴含的二氧化硫密集度，该指标是基于各国二氧化硫排放总量结合比较优势系数来构建的。被解释变量 $\ln\_EnvstrG_{ijrt}$，表示公司 i 的受环境表彰数（由于已经有很多文献是关于绿色信贷政策对绿色创新的研究，本章只对基准回归结果进行了验证）。解释变量包括政策试点城市虚拟变量 treat1、政策试点行业虚拟变量 treat2、政策时间虚拟变量 post。其中，政策试点城市虚拟变量 treat1 作为第一重差分，如果上市公司所在地属于《关于执行大气污染物特别排放限值的公告》规定的 47 个城市，则 treat1 取 1，否则为 0；政策试点行业虚拟变量 treat2 是第二重差分，若上市公司所在行业属于石油化工、水泥、钢铁、有色、火电，则取 1，否则为 0；政策时间虚拟变量 post 为第三重差分，《绿色信贷指引》试点落地年份，即 2012 年及后续年份取 1，2012 年之前年份取 0。上述模型中，$treat1_r \times treat2_j \times post_t$ 三重交互项系数

β_1为本章重点关注对象，该系数能有效剥离环境规制试点的政策效果。此外，本章通过添加年份固定效应和个体固定效应来巩固政策评估的因果关系的提炼。

除上述指标之外，本章还选择了一系列跨国企业经济特征指标作为控制变量，包括跨国企业年龄（ln_Age）、跨国企业规模（Size）、跨国企业价值（Tobin's Q）、资产周转率（Tato）、营业收入增长率（Revenue_growth）、流动比率（tr）。本章有关变量的描述性统计分析结果如表4-1所示。

表4-1　有关变量的描述性统计

变量	变量含义	样本量	均值	第1百分位数	第50百分位数	排名前1%的数值	最小值	最大值	标准差
ln_firm_SO$_2$	跨国企业二氧化硫排放强度	9 944	6.66	4.82	6.71	7.87	2.88	8.90	0.53
treat1	试点城市	9 944	0.67	—	—	—	0	1	0.47
treat2	试点行业	9 944	0.19	—	—	—	0	1	0.39
post	政策时间	9 944	0.35	—	—	—	0	1	0.48
ln_Age	跨国企业年龄	9 896	12.39	2.00	12.00	26.00	0	40.00	5.46
Size	跨国企业规模	9 944	21.83	19.62	21.65	25.72	17.90	28.51	1.26
Tobin's Q	跨国企业价值	9 699	1.81	0.92	1.47	6.05	0.15	27.34	1.12
Tato	资产周转率	9 536	0.82	0.13	0.66	3.09	0.00	10.18	0.67
Revenue_growth	营业收入增长率	9 531	1.29	0.48	1.12	3.68	0.01	252.80	3.61
tr	流动比率	9 944	0.84	0.09	0.74	3.13	0.01	20.11	0.66

4.4　实证分析

4.4.1　平行趋势检验

基于三重差分法进行政策评估，需要确保处理组样本和控制组样本在政策实施之前具有相同趋势。因此本节首先对数据进行了平行趋势检验。

为了确保检验结果的稳健性，本章借鉴 Ma 等的方案，对每一年份构造一虚拟变量，即 pre_1、pre2 和 post_3 等，并利用其与解释变量进行交互，对基准回归结果进行评估。若平行趋势的假设成立，意味着政策实施之前的年份所对应的 $treat1_r \times treat2_j \times post_t$ 应该不显著。回归结果如表4-2所示。

表4-2　回归结果（平行趋势）

项目	ln_firm_SO$_2$		
	（1）	（2）	（3）
post_3	0.186***	0.143***	0.186***
	（0.048）	（0.037）	（0.048）
post_2	0.242***	0.175***	0.242***
	（0.063）	（0.029）	（0.063）
post_1	0.135*	0.100***	0.136**
	（0.065）	（0.031）	（0.065）
current	0.130*	0.065*	0.130*
	（0.069）	（0.032）	（0.069）
pre_1	0.061	−0.005	0.062
	（0.078）	（0.044）	（0.077）
pre_2	−0.057	−0.072	−0.056
	（0.141）	（0.111）	（0.141）
pre_3	0.114	0.104	0.116
	（0.127）	（0.083）	（0.126）
pre_4	−0.042	−0.007	−0.042
	（0.111）	（0.049）	（0.111）
pre_5	−0.003	0.035	−0.002
	（0.114）	（0.098）	（0.114）
pre_6	0.021	0.066	0.020
	（0.120）	（0.095）	（0.120）
pre_7	0.014	0.010	0.015
	（0.053）	（0.053）	（0.053）
_cons	5.908***	7.051***	5.904***
	（0.220）	（0.207）	（0.220）
控制变量	是	是	是
年份效应	是	是	是
个体效应	是		是

表4-2（续）

项目	ln_firm_SO$_2$		
	（1）	（2）	（3）
行业×省份效应		是	是
样本量	9 133	9 293	9 124
拟合优度	0.582	0.205	0.582

注：$*$、$**$、$***$分别代表10%、5%、1%的显著性水平；括号内为行业层面进行聚类调整的标准误；表中所对应的模型中控制了跨国企业年龄、跨国企业规模、跨国企业价值、资产周转率、营业收入增长率等跨国企业经济特征变量。

由表4-2可知，绿色信贷政策实施前（2012年之前）的交互项系数较小且均不显著，表明绿色信贷政策实施前，跨国企业并未受到政策的影响。在绿色信贷政策实施后，其对跨国企业污染外包的影响系数显著为正，然而，2013—2015年，$treat1_r \times treat2_j \times post_t$三重交互项系数呈现显著增大的状态，表明绿色信贷政策对跨国企业污染外包的影响存在时间滞后性，需要一定的时间来显现。基于此，我们认为平行趋势假设成立。

图4-2为回归结果的平行趋势。可以看出绿色信贷政策实施前（2012年之前）回归系数在0附近波动，而政策实施后，回归系数显著为正，很好地佐证了平行趋势的稳健性。

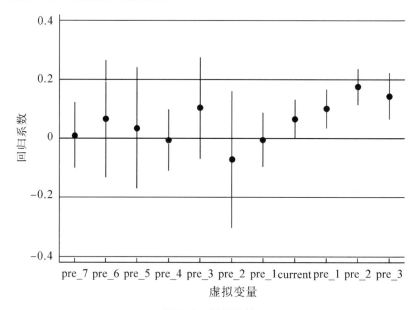

图4-2　平行趋势

4.4.2　基准回归

本章以构建的三重差分模型为基础，在控制年份固定效应和个体固定效应的基础上，逐步添加行业、省份交叉固定效应对绿色信贷政策影响跨国企业污染外包进行了基准回归研究（见表4-3），所有的回归分析均采用了行业层面的聚类调整标准误差。结果显示，$treat1_r \times treat2_j \times post_t$ 三重交互项系数均在1%水平上显著为正，说明绿色信贷政策对位于试点地区的试点行业的污染外包具有正向推动作用，即绿色信贷试点政策的实施能够促进跨国企业进口更多二氧化硫密集度更高的产品。在添加控制变量以及在进一步控制行业、省份交叉固定效应之后，结果依旧稳健，说明本章所使用的模型设定合理。在绿色信贷政策下，跨国企业会通过污染外包等方式进口更多二氧化硫密集度高的产品以应对政策带来的制度压力。

表4-3　基准回归（污染外包）

项目	ln_firm_SO$_2$			
	（1）	（2）	（3）	（4）
treat1×treat2×post	0.161***	0.158***	0.161***	0.158***
	(0.044)	(0.047)	(0.044)	(0.047)
_cons	6.665***	5.909***	6.665***	5.909***
	(0.006)	(0.212)	(0.006)	(0.212)
控制变量		是		是
年份效应	是	是	是	是
个体效应	是	是	是	是
行业×省份效应			是	是
样本量	9 705	9 133	9 696	9 133
拟合优度	0.575	0.581	0.575	0.581

注：*、**、***分别代表10%、5%、1%的显著性水平；括号内为行业层面进行聚类调整的标准误；表中所对应的模型中控制了跨国企业年龄、跨国企业规模、跨国企业价值、资产周转率、营业收入增长率等跨国企业经济特征变量。

国内外有关环境规制对创新的影响的文献较为丰富。齐绍洲等（2018）指出，环境权交易市场通过市场价格信号来影响跨国企业环境成本以促进跨国企业绿色创新，而这种绿色创新能够帮助跨国企业应对环境规制导致的利润空间内的萎缩。也有很多文献研究了绿色信贷政策对创新的影响，这些文献均证实跨国企业进行创新是应对绿色信贷政策压力的重要途径之一。表4-4利用跨国企业在绿色创新方面受到的环境表彰对该结论进行检验，发现回归结果是正向且显著的。

表4-4　基准回归（绿色创新）

项目	ln_EnvstrG			
	（1）	（2）	（3）	（4）
treat1×treat2×post	0.060*	0.065*	0.060*	0.065*
	(0.032)	(0.037)	(0.032)	(0.037)
_cons	0.230***	−0.217	0.230***	−0.217
	(0.013)	(0.296)	(0.013)	(0.296)
控制变量		是		是
年份效应	是	是	是	是
个体效应	是	是	是	是
行业×省份效应			是	是
样本量	1 980	1 939	1 980	1 939
拟合优度	0.395	0.399	0.395	0.399

注：*、**、***分别代表10%、5%、1%的显著性水平；括号内为行业层面进行聚类调整的标准误；表中所对应的模型中控制了跨国企业年龄、跨国企业规模、跨国企业价值、资产周转率、营业收入增长率等跨国企业经济特征变量。

由于研究绿色信贷政策对绿色创新影响的文章很多，且核心结论反复被证实，因此本章不再对其进行探讨。

4.4.3　稳健性检验

为保证基准回归结果的稳健性，本节内容通过以下方式对结果进行稳健性检验：

4.4.3.1　删除政策实施当年观测值

基准回归中，本章以2012年为界将政策实施阶段分为实施前（post取0）和实施后（post取1）。为了确保结果的稳健性，本章剔除2012年当年的样本值后对模型进行回归。由表4-5第（2）列可知，该结果不变。

4.4.3.2　构建虚假的政策实施年份

考虑到跨国企业的进口结构可能随着时间的推移以及跨国企业运营环境的变化而变动，此时相关跨国企业的污染外包趋势与绿色信贷政策的实施之间的关联度受到质疑。为了排除这种可能性，本章采用了构建虚假的政策实施年份的方法进行回归。表4-5第（2）列中设定的样本区间为

2009—2011 年（当对应年份为 2009 年时，虚拟变量 post 取 0；当对应年份为 2010—2011 年时，虚拟变量 post 取 1），以此类推。回归结果如表 4-5 第（2）~（5）列所示。由此得出，若以绿色信贷政策出台（2012 年）之前的年份作为虚假的政策时间，则回归结果中 $treat1_i \times treat2_j \times post_t$ 三重交互项系数并不显著，侧面印证了基准回归结果的稳健性，说明基准回归得出的结论并非由常规性随机因素导致。

表 4-5　稳健性检验 1

项目	$ln\_firm\_SO_2$				
	删除政策当年观测值	2009—2011 年	2010—2012 年	2011—2013 年	2012—2014 年
	（1）	（2）	（3）	（4）	（5）
treat1×treat2×post	0.206***	−0.021	0.068	0.159***	0.156***
	(0.048)	(0.087)	(0.114)	(0.046)	(0.036)
_cons	5.943***	5.066***	4.590***	6.096***	5.323***
	(0.226)	(1.528)	(1.201)	(1.449)	(1.420)
控制变量	是	是	是	是	是
年份效应	是	是	是	是	是
个体效应	是	是	是	是	是
行业×省份效应	是	是	是	是	是
样本量	8 285	1 832	2 050	2 264	2 361
拟合优度	0.577	0.779	0.776	0.795	0.821

注：*、**、*** 分别代表 10%、5%、1% 的显著性水平；括号内为行业层面进行聚类调整的标准误；表中所对应的模型中控制了跨国企业年龄、跨国企业规模、跨国企业价值、资产周转率、营业收入增长率等跨国企业经济特征变量。

4.4.3.3　更换比较优势系数的基准年份

在基准回归中，本章依据世界各国在 2005 年的贸易数据来构造各国在不同商品上的显性比较优势，并以此作为被解释变量构造的基础。然而，基于各国的贸易结构会随着经济社会的发展和时间的推移而发生变动，本章分别以 1995 年、2000 年、2010 年以及 2015 年的世界贸易数据进行被解释变量的构造。回归结果如表 4-6 所示。回归结果中 $treat1_i \times treat2_j \times post_t$ 三重交互项系数均在 1% 的水平上显著为正，较好地支持了本章基准回归得出的结论。

表 4-6　稳健性检验 2

项目	ln_firm_SO$_2$			
	1995 年基准	2000 年为基准	2010 年为基准	2015 年为基准
	（1）	（2）	（3）	（4）
treat1×treat2×post	0.177***	0.165***	0.118***	0.203***
	（0.029）	（0.041）	（0.041）	（0.041）
_cons	6.214***	5.975***	5.768***	6.162***
	（0.201）	（0.196）	（0.223）	（0.209）
控制变量	是	是	是	是
年份效应	是	是	是	是
个体效应	是	是	是	是
行业×省份效应	是	是	是	是
样本量	9 107	9 124	9 124	9 124
拟合优度	0.579	0.592	0.615	0.608

注：*、**、*** 分别代表 10%、5%、1% 的显著性水平；括号内为行业层面进行聚类调整的标准误；表中所对应的模型中控制了跨国企业年龄、跨国企业规模、跨国企业价值、资产周转率、营业收入增长率等跨国企业经济特征变量。

4.4.3.4　控制并行政策

2011 年，国家发展改革委在"十二五"规划中提出"逐步建立碳排放交易市场"的要求。2013 年下半年全国第一家碳排放权交易市场在深圳启动。截至 2014 年 6 月底，试点范围推广至北京、天津、上海、重庆、湖北、广东等地，并将碳排放量较大的跨国企业纳入碳交易体系重点监测范围。环境权交易市场作为一种环境规制，对跨国企业污染外包同样存在影响。当面临自上而下的环境规制时，跨国企业要么淘汰相关产能来减少碳排放量，要么通过绿色创新、更新设备、优化工序等方式来尽可能减少碳排放量，再或者通过购买碳排放权来进行"有偿"排放。不管哪一种方式，跨国企业都面临着环境成本增加和盈利空间萎缩。作为追求利润最大化的跨国企业势必会通过更为经济的渠道来控制成本。这意味着产能避难和污染外包很有可能成为跨国企业规避环境规制的重要手段。

然而，这导致碳排放权交易市场政策与绿色信贷政策并行，因此，需要控制碳排放权交易市场对跨国企业污染外包的影响，来进一步提炼绿色信贷政策和跨国企业污染外包之间的因果联系。为此，本章把碳排放权交易市场政策作为新的政策冲击引入模型中进行控制。回归结果如表 4-7 所示。结果表明，在控制碳排放权交易市场政策的冲击之后，本章基准回归的结论依旧成立。绿色信贷政策较为显著地促使跨国企业进行污染外包，即跨国企业通过进口更多二氧化硫密集度更高的产品来规避环境规制。

表4-7　稳健性检验3

项目	ln_firm_SO$_2$	
	（1）	（2）
treat1×treat2×post	0.143***	0.143***
	（0.046）	（0.046）
控制并行政策：碳市场	0.087*	0.087*
	（0.049）	（0.049）
_cons	5.919***	5.916***
	（0.209）	（0.210）
控制变量	是	是
年份效应	是	是
个体效应	是	是
行业×省份效应		是
样本量	9 133	9 124
拟合优度	0.581	0.581

注：*、**、***分别代表10%、5%、1%的显著性水平；括号内为行业层面进行聚类调整的标准误；表中所对应的模型中控制了跨国企业年龄、跨国企业规模、跨国企业价值、资产周转率、营业收入增长率等跨国企业经济特征变量。

4.4.4　异质性分析

前面的基准回归与稳健性分析结果均表明，绿色信贷政策对跨国企业的污染外包起到显著的正向促进作用。然而，该结果可能在跨国企业产权、行业以及产品层面出现异质性。为此，本节将从这三个层面进行异质性分析以确保回归结果的稳健性。

首先，考察绿色信贷政策对跨国企业污染外包的促进作用在不同类型跨国企业上的异质性。根据跨国企业的产权性质差异（非国有与国有）对样本进行分组回归，结果如表4-8所示。其中 $treat1_i × treat2_j × post_t$ 三重交互项系数分别为0.103和0.105，非国有跨国企业子样本在5%水平上显著为正，而国有跨国企业子样本统计结果不显著。由此可知，相较于国有跨国企业，非国有跨国企业在绿色信贷政策实施之后，倾向于将污染产能外包并通过进口更多二氧化硫密集度更高的产品来满足市场需求。

表 4-8　产权异质性分析

项目	ln_firm_SO$_2$	
	非国有	国有
	（1）	（2）
treat1×treat2×post	0.103**	0.105
	（0.042）	（0.067）
_cons	5.769***	6.388***
	（0.783）	（0.631）
控制变量	是	是
年份效应	是	是
个体效应	是	是
行业×省份效应	是	是
样本量	4 524	4 461
拟合优度	0.616	0.590

注：*、**、*** 分别代表 10%、5%、1%的显著性水平；括号内为行业层面进行聚类调整的标准误；表中所对应的模型中控制了跨国企业年龄、跨国企业规模、跨国企业价值、资产周转率、营业收入增长率等跨国企业经济特征变量。

其次，行业特征也会对回归结果产生显著影响。政府制定环境规制时，规制对象的确定往往以行业为单位，因此不同行业间的跨国企业存在显著差异。因此，本章依据《重点区域大气污染防治"十二五"规划》中进行特别排放限值的行业进行分组考察。在基准回归的基础上，本章还加入了代表不同行业的虚拟变量四重交互项（低重交互项均已控制，因篇幅有限仅汇报四重交互项）。

回归结果显示，石油化工、水泥所对应的四重交互项系数分别为 0.149、0.204，且均在 1%的水平上显著为正（见表 4-9），这表明相较于其他行业，绿色信贷政策的实施，对试点地区石油化工、水泥行业进行污染外包起到显著的正向促进作用。

表 4-9　产业异质性分析

项目	ln_firm_SO$_2$				
	石油化工	水泥	钢铁	有色	火电
	（1）	（2）	（3）	（4）	（5）
treat1×treat2×post×石油化工	0.149***				
	（0.039）				
treat1×treat2×post×水泥		0.204***			
		（0.049）			
treat1×treat2×post×钢铁			0.048		
			（0.053）		
treat1×treat2×post×有色				−0.137***	
				（0.038）	
treat1×treat2×post×火电					−0.209***
					（0.048）
_cons	5.923***	5.911***	5.907***	5.925***	5.896***
	（0.211）	（0.215）	（0.212）	（0.211）	（0.212）
控制变量	是	是	是	是	是
年份效应	是	是	是	是	是
个体效应	是	是	是	是	是
行业×省份效应	是	是	是	是	是
样本量	9 124	9 124	9 124	9 124	9 124
拟合优度	0.581	0.581	0.581	0.581	0.581

注：*、**、*** 分别代表 10%、5%、1% 的显著性水平；括号内为行业层面进行聚类调整的标准误；表中所对应的模型中控制了跨国企业年龄、跨国企业规模、跨国企业价值、资产周转率、营业收入增长率等跨国企业经济特征变量。

基于市场结构和消费调整等因素，通过贸易实现"污染外包"的产品在性质和用途方面存在显著差异。因此本章依据产品性质对样本进行分组回归。

由结果可知，绿色信贷政策的实施会抑制跨国企业资源密集型产品的生产，但该抑制效果不显著。这是由于资源密集型产品在生产和消费过程中往往伴随着大量污染，大量进口该类型产品会使得跨国企业污染排放水平上升，面临监管危机和治理成本高企。

同时，绿色信贷政策也会导致跨国企业进口更多技术密集型产品和劳动密集型产品。如表 4-9 第（2）列和第（4）列所示，treat1$_r$ × treat2$_j$ × post$_t$ 三重交互项系数均在 1% 水平上显著为正。技术密集型商品利润率较高，能够提升跨国企业生产技术水平，进而增强跨国企业市场竞争力。此外，在绿色信贷政策实施后，跨国企业面临额外的环境成本，利润空间被压缩，加之国内劳动力成本上升，迫使跨国企业通过进口较低成本的劳动密集型产品来应对跨国企业经营成本的上升。

4.4.5 拓展性分析

4.4.5.1 区分出口国绿色知识水平的异质性作用

绿色信贷政策实施后，跨国企业面临着环境成本增加和盈利空间萎缩等一系列问题。作为追求利润最大化的跨国企业势必会通过更为经济的渠道来控制成本。随着经济全球化的推进和世界分工体系的深化，贸易壁垒不断削弱，跨国企业面临的交通运输成本和信息获取成本日趋下降。在此背景下，跨国企业往往会选择通过环境制度套利、产能转移并借助国际贸易的便利来规避绿色信贷政策带来的额外成本。前面的研究也证实了这点，即绿色信贷政策实施后，跨国企业进口了更多二氧化硫密集度更高的产品。那么出口国绿色知识水平的差异是否会对跨国企业的贸易行为产生影响？为了研究这个问题，本章采用国家层面绿色专利数据将所有国家分为两类：高绿色知识水平国家和低绿色知识水平国家，并对比分析跨国企业从这两类国家进口的二氧化硫密集度更高的产品的多少，最终判断出口国绿色知识水平的异质性作用。回归结果如表4-10所示。

表4-10　出口国绿色知识水平异质性分析

项目	$\ln\_firm\_SO_2$			
	出口国低绿色知识水平		出口国高绿色知识水平	
	（1）	（2）	（3）	（4）
treat1×treat2×post	−0. 130	−0. 117	0. 126***	0. 129***
	（0. 125）	（0. 128）	（0. 027）	（0. 033）
_cons	6. 444***	6. 289***	6. 680***	5. 865***
	（0. 007）	（0. 341）	（0. 005）	（0. 184）
控制变量	否	是	否	是
年份效应	是	是	是	是
个体效应	是	是	是	是
行业×省份效应	是	是	是	是
样本量	5 175	5 054	9 250	9 043
拟合优度	0. 579	0. 584	0. 563	0. 567

注：*、**、***分别代表10%、5%、1%的显著性水平；括号内为行业层面进行聚类调整的标准误；表中所对应的模型中控制了跨国企业年龄、跨国企业规模、跨国企业价值、资产周转率、营业收入增长率等跨国企业经济特征变量。

由上述回归结果可知，绿色信贷政策能够促使跨国企业从绿色知识水平高的出口国进口更多二氧化硫密集度更高的产品，而从绿色知识水平低的出口国进口的结果不显著，这表明出口国绿色知识水平能够显著影响跨国企业的进口选择。进一步来说，绿色知识水平高的出口国具有更高的科技水平和产品质量，因而更受到跨国企业的青睐。

4.4.5.2 融资约束的中介机制

作为一种金融性质的政策工具，绿色信贷政策可以通过跨国企业的环保水平来评估和管理贷款活动，以确保信贷资源流向绿色环保跨国企业。同时，绿色信贷政策使得跨国企业面临更高的监管成本和制度压力（Li et al.，2018c），并引起传统污染产业在信贷市场中信誉受限，加大其融资难度。这说明绿色信贷政策对于跨国企业的影响是通过调节其融资约束水平来实现的，对污染密集型跨国企业尤是如此（Liu et al.，2019）。

为此，本章按融资约束水平的高低将样本分为两组进行回归。结果显示，融资约束高的跨国企业更倾向于进口更多二氧化硫密集度更高的产品。这表明，面对绿色信贷政策的实施，那些融资约束高的跨国企业更愿意进行污染外包。

表 4-11 融资约束（WW 指数）异质性分析

项目	$\ln\_firm\_SO_2$	
	融资约束低	融资约束高
	（1）	（2）
treat1×treat2×post	0.100	0.318***
	（0.075）	（0.080）
_cons	6.295***	5.021***
	（0.282）	（0.331）
控制变量	是	是
年份效应	是	是
个体效应	是	是
行业×省份效应	是	是
样本量	5 532	3 235
拟合优度	0.601	0.686

注：*、**、*** 分别代表10%、5%、1%的显著性水平；括号内为行业层面进行聚类调整的标准误；表中所对应的模型中控制了跨国企业年龄、跨国企业规模、跨国企业价值、资产周转率、营业收入增长率等跨国企业经济特征变量。

4.5　本章小结

本章主要利用了跨国企业的进口数据，基于三重差分模型从跨国企业的角度对比分析了中国政府出台的绿色信贷政策对不同行业跨国企业污染外包选择（主要为进口商品的二氧化硫含量）的影响过程与机理。

整体而言，绿色信贷政策的实施对于不同行业跨国企业污染进口呈较为显著的正相关关系。在绿色信贷政策实施前，试点地区的跨国企业并未对其做出显著反映；而在政策实施后，绿色信贷政策对跨国企业污染外包的影响显著为正。同时，该政策对跨国企业污染外包的影响存在一定的时间滞后效应，即影响效果需要一定的时间来显现。随后的基准回归结果进一步表明，绿色信贷政策不仅对位于试点地区的试点行业的污染外包具有正向推动作用，还会促进跨国企业进行绿色创新。绿色信贷政策的实施，会迫使跨国企业进行双元重构，一方面通过"产能避难""污染外包"等方式进口更多二氧化硫密集度高的产品，另一方面增加自身研发投入以降低成本。

为保证基准回归结果的稳健性，我们又通过一系列方法对该结果进行了稳健性检验。首先，我们提出了绿色信贷政策实施当年的跨国企业样本观测值，在此基础上重新对模型进行了回归，该结果与基准回归结果一致。其次，考虑到跨国企业的进口结构可能随着时间的推移以及跨国企业运营环境的变化而变动，这会使得相关跨国企业的污染外包趋势与绿色信贷政策的实施之间的关联度受到质疑。为此，我们采用了构建虚假的政策实施年份的方法进行回归，结果依旧稳健，这表明基准回归得出的结论并非常规性随机因素导致。再次，由于各国的贸易结构往往会随着经济社会的发展和时间的推移而发生变动，我们更换了比较优势系数的基准年份进行被解释变量的构造。结果表明，回归系数均在 1% 的水平上显著为正，从侧面印证了绿色信贷政策与跨国企业污染进口的正相关关系。最后，碳排放权交易市场政策作为绿色信贷政策的并行政策，也会对跨国企业污染外包产生显著影响。为了排除碳排放权交易市场对跨国企业污染外包的影响，进一步提炼绿色信贷政策和跨国企业污染外包之间的因果联系，我们把碳排放权交易市场政策作为新的政策冲击引入模型中进行控制。结果表明,在控制碳排放权交易市场政策的冲击之后,本章基准回归的结论依旧成立,表明绿色信贷政策较为显著地引致跨国企业进行污染外包,即通过进口更多二氧化硫含量更高的产品来规避环境规制。

为了进一步保证回归结果的稳健性,我们考察了绿色信贷政策对跨国企业污染外包的促进作用在不同类型跨国企业上的异质性。结果表明,相较于国有跨国企业,试点地区试点行业中的非国有跨国企业在绿色信贷政策实施后,倾向于将污染产能外包并通过进口更多二氧化硫密集度更高的产品来满足市场需求。此外,在基准回归的基础上,我们还加入代表不同行业的虚拟变量四次交互项,考察了行业特征所带来的异质性影响。结果表明,绿色信贷政策的实施,对试点地区石油化工、水泥行业进行污染外包起到显著的促进作用。除了以上两点外,我们还根据产品性质对样本进行分组回归,考察了产品性质差异所带来的异质性影响。结果表明,绿色信贷政策实施后,跨国企业倾向于减少资源密集型产品,但该抑制作用并不显著;同时,绿色信贷政策的实施使得跨国企业进口更多技术密集型产品和劳动密集型产品。

我们还对绿色信贷政策对跨国企业进口行为的影响进行了拓展性分析,分别分析了出口国绿色知识水平的异质性作用以及融资约束的中介机制。结果表明,绿色信贷政策能够促使跨国企业从绿色水平较高的出口国进口更多二氧化硫密集度更高的产品,而从绿色水平较低的出口国进口的结果不显著,这表明出口国绿色水平的高低能够显著地影响跨国企业的进口选择。进一步来说,绿色水平高的出口国具有更高的科技水平和产品质量,因而更受到跨国企业的青睐。此外,通过验证融资约束的中介机制,我们发现融资约束高的跨国企业倾向于进口更多二氧化硫密集度更高的产品。这表明,绿色信贷政策的实施,使那些融资约束高的跨国企业更愿意进行污染外包。

5 地方政府绿色制度压力
与跨国企业双元重构

随着中国经济的不断发展，其能源消费量也大大增加，其中，化石燃料消费占据总体能源消费的主体地位。化石燃料燃烧所导致的污染占据了中国大气污染的主体（Xu et al., 2015）。环境污染问题直接制约着中国经济的发展并对人民群众的健康构成了直接的威胁。鉴于污染对人民生命财产安全造成的影响，各级政府通过制定一系列法律法规，以期改善环境质量（Zhang et al., 2016）。

为了加强环境保护，国务院在 2005 年 12 月印发了《国务院关于落实科学发展观加强环境保护的决定》并将环境保护纳入干部考核体系，将环境绩效作为地方干部提拔的标准之一（Wang, 2013）。由于中国地方官员往往由上级政府任命，干部考核对于地方政府的绩效有很大影响，过去地区生产总值的增长是上级政府考核下级官员政治能力与提拔与否的主要标准，而现阶段将环境目标纳入地方官员评估体系能够为地方环境治理和环境执法增加新的动力（Zheng et al., 2014），这一点也体现在政府工作报告中的环境词频方面。

政府工作报告是各级政府编制的最重要的官方文件，其主要用于总结本辖区在过去一年的社会问题与经济成就，并制订来年的工作计划与目标。政府工作报告往往涵盖政治、经济、文化等领域的公共事务，其中也包括生态环境治理。

现阶段，政府工作报告等政府红头文件逐渐成为学术研究的焦点（郭毅 等，2010；侯新烁 等，2016；吴璟 等，2015；Jin, 2016）。部分研究表明，政府工作报告的内容与政府的行动与目标基本一致（徐现祥 等，2017；Yu et al., 2017；Shi et al., 2019），这表明我们可以通过政府工作报告中的环境词频来预测政府的环境保护行动与目标，这为量化研究政府对环境保护的投入与努力提供了新的方法。相较于普通的环境规制，地方政府工作报告中的环境词频是一个更具有测度意义的制度性变量，而城市层面的其他环境规制存在比较明确的内生性。

第4章的研究主要聚焦于跨国企业层面，分析了绿色金融制度带来的制度压力对跨国企业双元重构的影响。本章将聚焦于中国地方政府层面，分析地方政府绿色关注度对跨国企业双元重构的影响。其中，地方政府绿色关注度可用地方政府工作报告中的环境词频来量化描述。以往的研究主要关注政府某种具体的战略或政策与跨国企业双元重构之间的关系（Wei et al.，2015），鲜有研究从政府的宏观战略方针角度分析政府对跨国企业双元重构的影响。此外，虽然地方政府工作报告构成了政府工作报告系统的绝大部分，但目前大部分的研究主要关注中央政府工作报告而忽略了对地方政府工作报告进行分析与研究。因此本章利用2012—2017年260个地级市的数据作为后续数据分析的主要来源，试图从政府宏观环境战略层面分析政府调控对跨国企业双元重构的影响。

图5-1为本章的研究框架。可以看出，本章主要关注地方政府绿色关注度（地方政府工作报告中的环境词频）所带来的制度压力对跨国企业双元重构的影响。其中，跨国企业双元重构分为逃离和创新两方面，其表现形式分别为污染外包和研发投入。

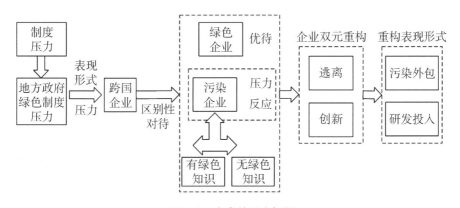

图5-1　本章的研究框架

本章余下部分结构安排如下：5.1对现有相关文献进行梳理，为本章提供研究依据；5.2对制度背景、理论与研究假设进行阐述；5.3说明数据来源、核心变量的构造和处理方法以及模型的构建；5.4 进行实证分析，包括稳健性检验、异质性分析等；5.5 为本章小结。

5.1 研究背景

5.1.1 跨国企业研发投入的影响因素

研究表明，研发和技术能力是跨国企业与行业竞争优势的关键来源，同时跨国企业是追求创新和技术发展的主体。现阶段，跨国企业研发投入的影响因素主要分为内部因素和外部因素两种，内部因素的可控性远大于外部因素（Del Canto et al.，1999）。内部因素主要又分为以下九个方面：

（1）跨国企业财务状况。跨国企业财务状况对跨国企业自身的短期和长期发展均起到至关重要的作用。Bhagat 和 Welch（1995）的研究表明，跨国企业的研发投入与跨国企业上一年的资产负债率存在显著的正相关关系，因此跨国企业财务状况对其从事研发活动的倾向存在着较大的影响。由于投资研发活动需要大量资金，当自有资金充足时，跨国企业投资研发活动的机会就会增加（Kim et al.，2012）。

（2）跨国企业盈利能力。投资研发的一个重要内部因素是跨国企业的盈利能力。研发活动具有高风险性和不确定性，从跨国企业内部来看，一般需要长期的大量的资金支持。因此盈利能力强的跨国企业有足够的利润去承担研发所带来的财务风险（Coad et al.，2010）。

（3）跨国企业规模。研究表明，规模较大的跨国企业通常拥有更多的资本和更好的管理能力，因此在研发方面的投入也更多（Fishman et al.，1999）。Del Canto 和 Gonzalez（1999）的研究也表明，规模较大的跨国企业更有可能从事研发工作。相关实证结果还表明，随着销售额和员工人数的增加，跨国企业研发投入也会增加（Park et al.，2010）。

（4）跨国企业资本结构。许多学者还发现，跨国企业资本结构也会影响跨国企业研发投入（Del Canto et al.，1999）。当跨国企业的有形资源更有价值时，更有利于技术创新投资。在分析跨国企业的有形资源时，除了跨国企业规模外，还需要衡量跨国企业对固定资产、投资等有形资产的依赖程度。

（5）跨国企业无形资产。跨国企业无形资产包括专利、商业信誉和品牌。研究表明，更高程度的创新会带来更好的品牌表现（Weerawardena et al.，2006）。可以说，跨国企业的品牌、专利等无形资产与跨国企业的研发投入密切相关。

（6）跨国企业人力资源。若跨国企业人力资源价值较高，其所带来的技术敏感性和知识溢出效应可以促进跨国企业研发过程中的信息吸收（Del Canto et al.，1999）。Fleming（2001）的研究结果还表明，跨国企业技术人员具备技术领域的知识，可以增加整合知识创造新技术和开展研发活动的机会。这表明跨国企业技术人员所具备的组织技能和知识整合能力会对跨国企业研发活动产生积极影响（Coad et al.，2010；Fleming，2001）。

（7）跨国企业出口活动。国际市场的竞争比国内市场的竞争更加激烈。Wakelin（1998）区分了有创新活动的跨国企业和没有创新活动的跨国企业，发现有研发投入的跨国企业比没有研发投入的跨国企业有更高的出口水平。相关实证结果还表明，跨国企业出口活动与跨国企业研发投入存在正相关关系（Park et al.，2010；Tomiura，2007）。

（8）跨国企业管理者与董事会。研发活动是一个长期的、成功率很低的项目。研发项目的成功通常会带来很高的利润，但失败的风险也很高，因此，研发投资是高风险与高回报并存的（Millet-Reyes，2004）。面对研发活动的这一特点，跨国企业管理者和跨国企业投资者在对待研发投资决策上不可避免地存在冲突。研究表明，跨国企业管理者通常不愿意投资研发项目。这主要是由于管理者的薪酬取决于跨国企业的业绩，如果高风险的研发投入失败，会给管理者带来信任危机和职业风险（Alchian et al.，1972）。Baysinger 和 Hoskisson（1989）发现，股东和董事通常会根据财务目标（例如投资回报率）来判断跨国企业管理者的绩效。由于长期的研发投入会减少当前的净收入，因此管理者更喜欢投资短期项目。而这对于年长的管理者来说尤其如此，因为年轻的管理者往往比年长的管理者更愿意承担风险（Barker et al.，2002）。一般来讲，管理者的行为和偏好受到公司激励薪酬、监督和监管要求的影响（Ang et al.，2001）。跨国企业董事对跨国企业研发投入的影响研究主要集中在独立董事上，这是因为独立董事不担任跨国企业内部职务，也不从跨国企业内获得报酬（Luoma et al.，1999）。因此，人们通常对跨国企业独立董事的看法为：他们应该公平客观地分析公司决策，应该对管理者进行监督并缓解管理者和股东之间的信息不对称；此外，他们还应该通过他们的金融等专业知识来提高跨国企业价值（Lee et al.，1999）。部分学者的研究表明，独立董事可以提高跨国企业研发投入，这有利于跨国企业的长远发展。因此，董事会中独立董事的比例应该与研发投入呈正相关关系（Baysinger et al.，1990）。也有学者对此持相反意见，他们认为独立董事存在信息弱点，因为他们难以获得内幕信息。他们能得到的通常是一些财务信息，而不是关于公司的完整信息。所以独立董事更多地依赖熟悉的财务活动（Hoskisson et al.，2002）。

（9）跨国企业股东。股东可以分为机构投资者和个人投资者。相较于机构投资者，个人投资者持有的大部分股份相当分散，因此个人投资者通常对公司决策的影响较小。因此学者们将研究集中在机构投资者身上并研究了机构投资者对跨国企业研发投入和创新的影响。目前，学者们研究最多的是美国跨国企业，机构投资者包括投资公司、保险公司、公共养老基金等金融机构（Bushee，2001）。Graves和Waddock（1990）发现，金融机构通常是倾向于规避风险的，因此它们更喜欢那些可以带来快速回报的短期项目，并且不喜欢投资研发活动。Hoskisson和Hitt（1988）认为，财务投资者对研发投入的消极态度导致公司生产线多元化，以及管理层对研发投入和新产品计划的兴趣降低。但也有学者认为，金融机构具备多元化投资的能力，应鼓励被投资跨国企业追寻有潜力和前景的项目。因此，机构投资者应该是跨国企业研发投资的刺激者而不是限制者（Kochhar et al.，1996）。

除了上述内部因素以外，也有部分学者研究了外部因素对跨国企业研发与创新活动的影响。Dobson和Safarian（2008）分析了浙江省11家高科技跨国企业的数据，发现随着外商直接投资技术进口流量的增加和跨国企业吸收外国技术的能力逐渐增强，中国跨国企业的研发能力和生产力也得到了提高，并促进了其进行创新。Gao和Jefferson（2007）则认为，一旦中国的经济增长水平与国际经济接轨，那么中国的知识前沿就会向发达国家靠拢，并以与其他发达经济体相同的速度增长。Zhu等（2006）研究了政府的直接资助对跨国企业研发投入的效果，发现政府直接资助的效果在某种程度上是模棱两可的。这种模糊性也揭示了工业部门投资行为中可能存在的风险规避。换言之，当技术风险和市场风险都很高时，政府的支持可能不足以刺激工业部门的研发投入。Hout（2006）还认为，基于技术创新的激励结构是私营部门的公司对市场力量做出的反应，而不是由政府政策和资金形成的。

跨国企业间的知识转移也是影响跨国企业研发投入的重要外部因素之一。就国际商业环境而言，对跨国企业知识转移的研究主要发生在两个基本层面：跨国企业内部知识转移和跨国企业间知识转移。相较于普通企业，跨国企业在整合知识方面临着更大的压力。

5.1.2　政府行为对跨国企业研发投入的影响

本章将跨国企业双元重构分别定义为跨国企业研发投入和跨国企业污染外包，因此我们分别总结了政府行为对两者影响的已有文献，本节首先对政府行为如何影响跨国企业研发投入进行文献回顾。

学者们对于政府行为如何影响跨国企业研发投入已经有了很多研究结果。研究表明，现阶段政府影响跨国企业研发投入最直接的政策工具是为跨国企业研发提供公共激励，这主要集中在财政激励和金融激励等方面。其中，财政激励措施主要包括对研发投入的税收优惠，可能采取加速折旧、税收抵免、免税期或进口关税豁免等形式。财政激励是指政府通过赠款或补贴、优惠贷款（包括利息补贴）或股权直接资助跨国企业的研发项目（Mudambi，1999）。虽然研发激励方案容易受到其覆盖范围、跨国企业规模、不同研发周期的进度差异以及政府财政差异等条件的影响（Atkinson，2007），但是创新补贴仍旧是提升跨国企业研发水平的最好办法之一（Kleer，2010），因为创新补贴能够最大限度地激励跨国企业加大研发投入，进而提升自身的创新能力，最终促进跨国企业整体生产率的提升（Carboni，2011）。Meuleman 和 DeMaeseneire（2012）的实证研究结果表明，信用评级较高的公司更有可能获得政府研发补贴。而获得政府研发补贴的中小型跨国企业，更有机会获得长期资金支持。在资金充足的情况下，中小型跨国企业更愿意加大研发投入以提升创新能力，进而有助于提高金融竞争力。Zhu 和 Li（2014）通过对第九次民营跨国企业调查数据进行分析发现，政府研发补贴能够显著促进民营跨国企业增加自身研发投入。Xu（2017）以大连高新技术跨国企业为样本进行实证分析发现，政府优惠政策对跨国企业研发投入与跨国企业绩效之间的关系具有约束作用。熊和平等（2016）从生命周期的角度定量分析了政府补贴与跨国企业研发投入的关系，发现政府补贴仅在衰退期刺激了跨国企业研发活动。Zhang等（2016）对高新技术跨国企业的时间序列进行了实证分析，结果表明政府补贴可以通过跨国企业研发投入对跨国企业绩效产生正向中介作用，但过程中补贴和事前补贴的作用存在一定差异。Wu 等（2017）则发现，政府补贴对跨国企业研发投入与跨国企业价值之间的关系的调节作用具有时效性。

现阶段，政府补贴跨国企业进行新技术研发的核心目的是纠正市场失灵，这种失灵可能源于私人对科技知识投资回报的不完全占有。由于高失败风险与研发及其受益者之间的关系存在不确定性，跨国企业往往不会给技术研发提供充足的研发资金。因此，政府往往会对中小型跨国企业进行研发补贴，这会通过降低与基础研发项目相关的失败风险或通过降低承担研发项目的资本成本来帮助跨国企业尽可能地规避研发成本与风险。研发项目通常需要大量的固定成本，而这些成本在大多数情况下通常是无法快速回本的，这就是为什么销售收入充足的跨国企业可以在研发项目上投入足够的资金，而中小型跨国企业却难以开展研发活动。此外，由于资本市场的不完善，中小型跨国企业无法依赖外部融资来进行研发投资（David et al.，2000）。因此，政府出台了研发补贴政策，以支持跨国企业开展研发活动，并分担与中小型跨国企业研发项目相关的财务风险。整体而言，国家鼓励跨国企业进行技术创新，并为具有创新能力的跨国企业提供多种形式的补贴优惠政策（Fan et al.，2018）。虽然政府补贴对跨国企业金融竞争力的提升没有直接影响，但是政府补贴会通过影响跨国企业研发投入来间接提升跨国企业的金融竞争力。

虽然学术界已经有较多关于政府行为影响跨国企业研发投入的研究，但是学者们对于政府行为对跨国企业研发投入以及创新的影响的研究还存在部分争议。部分研究认为，政府制定创新政策、大力发展创新活动等行为对跨国企业研发投入会产生正向促进作用，这主要是因为政府鼓励创新不仅能够弥补市场在配置跨国企业创新资源等方面存在的内在缺陷（Wieser，2005），还能为跨国企业研发活动提供优良的外部环境，进而从跨国企业自身和外部环境两方面激励跨国企业增加研发投入，从而提高其创新效率（Greco et al.，2017）。

也有部分学者对此持相反意见，他们认为政府的创新政策以及对创新活动的支持行为对跨国企业研发投入和创新的作用有限，甚至会产生负向影响（肖文 等，2014；Patanakul et al.，2014；Wang et al.，2017）。政府的政策与行为可能会破坏正常的市场竞争规则，导致官僚主义和政府过度干预的情况出现，进而抑制跨国企业研发投入和创新的热情（Wang et al.，2017）。同时，政府自身存在的局限性（如政府补贴监督机制的缺失、政府补贴政策的时间滞后性、政府官员自身认知的局限性等）也会抑制跨国企业研发投入与创新热情（安同良 等，2009；肖文 等，2014；余泳泽，2011）。

还有研究认为，政府行为对跨国企业研发投入和创新的影响会受到多种条件的共同作用，而并非简单的促进或抑制作用。研究发现，政府对跨国企业研发投入和创新的补贴会受到跨国企业市场与跨国企业性质（杨洋 等，2015；李骏 等，2017），补贴额度（毛其淋 等，2015），跨国企业自身科技水平（Criscuolo et al.，2019）等因素的影响。

5.1.3 跨国企业内部的知识转移

除了政府行为会影响跨国企业研发投入外，跨国企业内部的知识转移也会影响跨国企业的研发投入。知识转移是指传播专业知识、经验与技术的过程。知识转移可以发生在不同的对象间，包括政府、跨国企业、金融机构、非政府组织和科研教育机构等（Metz et al.，2000）。就国际商业环境而言，对跨国企业知识转移的研究主要集中在两个基本层面：跨国企业内部的知识转移和跨国企业间的知识转移。本小节主要关注跨国企业内部的知识转移，特别是跨国企业母公司与子公司之间的知识转移，因此我们主要对跨国企业内部的知识转移的文献进行梳理。

在对跨国企业的研究中，其母公司对子公司的帮扶优势问题变得越来越重要（Chandler，1991）。许多研究认为，跨国企业母公司通过协同管理、知识共享和服务组织共享等活动为子公司创造价值，这被称为"母国优势"（parenting advantage）（Foss，1997）。研究表明，跨国企业母公司负责制定公司的整体战略，并负责选择业务、核心投资和组织机制，以获得比每个子公司利润之和更高的收益（Collis et al.，1998），这主要是因为跨国企业母公司具有发现和利用资产之间互补性的特定能力（Foss，1996）。所以母公司在跨国企业的竞争优势和成功中发挥着重要作用（Foss，1997）。但也有部分研究对跨国企业母公司对子公司的"母国优势"提出了质疑。如 Ciabuschi 等（2011）认为母公司对子公司的了解不足可能会限制子公司的发展。

跨国企业母公司的"母国优势"中重要的一环就是确定跨国企业内部

的知识共享，以建立和支持由知识溢出所创造的协同效应。跨国企业知识转移背后的基本原理是跨国企业开发新知识的成本过高，因此，尽管知识转移也需要一定的成本，跨国企业往往还是会选择利用其他地方的现有知识（Teece，1977）。对于跨国企业来讲，知识转移既有成本又有收益，成本与收益达到平衡取决于转移的知识必须被接收方使用。如果转移的知识不能被接受方使用，那么知识转移不仅会徒增成本，而且对知识接收方的能力和竞争优势提升没有任何效果。因此，知识转移的核心是确保知识的成功转移，并且对该知识的使用能够提高接收方的竞争优势。

目前，跨国企业内部的知识转移受到越来越多的关注。这主要是由于现阶段知识在跨国企业的战略相关资源的层次结构中排到了首位（Grant，1996）。相较于普通企业，跨国企业在知识整合和知识转移方面面临着更大的压力（Persson，2006）。在大部分人眼中，跨国企业是一个网络，通过该网络，知识可以跨越时间、空间、文化和语言进行转移（Schlegelmilch et al.，2003）。此外，知识不仅能够从母公司转移到子公司，还能够在子公司之间相互转移（Persson，2006）或者从子公司反向转移至母公司（Ambos et al.，2006）。部分研究表明，知识的传播渠道、吸收能力和战略价值促进了知识转移（Gupta et al.，2000）。激励也是影响知识转移有效性的重要因素之一（Gupta et al.，2000；Lord et al.，2000）。Lord 和 Ranft（2000）还发现，跨国企业的组织结构也会影响跨国企业内部的知识转移。

在跨国企业中，母公司和子公司往往会遵循同样的组织目标，而子公司往往代表母公司负责其在其他国家或地区等新兴市场的业务。而母公司则会通过向子公司提供资源来支持子公司在东道国的发展，这些资源就包括知识和技术（Kaufmann et al.，2005）。如果达到了吸收新的知识和技术所需的人力资本门槛，跨国企业母公司向位于欠发达国家的子公司转移知识将会提高接收国自身生产率；而低于这一阈值的国家则不能利用技术溢出效应，这意味着跨国企业所转移的知识和技术对子公司的生产率和创新能力存在积极影响（Xu，2000）。Manolopoulos 等（2005）的研究表明，跨国企业内部的知识和技术转移是其子公司获得先进技术的主要渠道。此外，他们还强调，子公司不仅仅是纯粹的知识接收方，还在跨国企业的技术发展中发挥着重要作用。另外，知识和技术转移的其他好处是，能够产生大量出口和外汇、增加就业机会和税收收入、为子公司积累资本和创业技能。

跨国企业母公司往往能够识别和转移在整个跨国企业中具有战略重要性的附属知识，使得由该知识带来的收益能够从单个子公司传播至整个跨国企业。多项研究证实，跨国企业母公司在子公司创新活动中充当资源分配者、网络协调者和跨国企业内部组织知识流的整合者（Mudambi et al.，2015）。也就是说，母公司可以通过不同的方式参与子公司的知识转移。例如，主动从子公司开展知识转移项目；通过提供特定资源（如资金、人才）和专业知识来支持并辅助知识转移；通过与该过程参与者进行密切沟通，指导和监督过程的不同部分；等等。即使在复杂环境下，跨国企业母公司依旧能够有效地设计并参与子公司的知识与技术转移，这能够提高企业内部知识转移带来的收益，并保持跨国企业的创新能力和竞争优势（Ciabuschi et al.，2017）。

由于跨国企业在组织结构、战略和资源方面存在差异，这会影响其母公司为创造更高价值而开展的活动的类型、频率和地点（Ciabuschi et al.，2011）。以往关于跨国企业"母国优势"的研究主要关注发达国家跨国企业，且假设跨国企业母公司是追求利润最大化的纯粹经济行为者。

对于中国跨国企业来说，对外投资的一个主要动机是在海外寻求和获取先进知识以实现创新追赶（Elia et al.，2017）。中国跨国企业母公司倾向于大量参与知识转移实践，因为这符合其国际战略，这也是其与那些拥有核心资产的发达国家跨国企业最大的区别之一。

虽然知识转移能够对跨国企业子公司产生较为显著的正向影响，但是知识和技术转移仍旧存在部分问题，其面临的一个主要问题是，知识往往在科技含量较高的环境中产生，而很少能够适应科技含量相对贫乏的接收国。母公司往往仅会向其子公司提供信息和技术，但未能提供资源或专门知识，使其适应东道国的环境。因此，子公司可能会在处理接收到的知识和技术时遇到困难，或者子公司可能根本不适应当地市场的发展情况（Reddy et al.，1990）。

也有部分学者研究了国家和政府机构如何影响跨国企业间的知识转移。首先，知识往往具有较强的地域性。即使是大型跨国企业也主要在母国进行研发，由此而产生的知识、技术与创新往往会受到母国环境、文化和制度的强烈影响，即母国的基础研究质量、劳动力技能以及私人和公共投资等因素都在跨国企业的创新研发中发挥着很大的作用。因此，这些知识往往仅适合在特定的国家或地区，而在其他国家或地区可能不再有效

（Carlsson，2006）。其次，最重要的创新贡献是所谓"个人体现和机构体现的隐性知识"（Pavitt et al.，1999），这使得知识的转移更加困难，因为人们必须当面转移这些知识，而国家间的机构和环境不同，这些因素不能与知识和技术一起转移。Carlsson（2006）还指出，国家机构可以创造特定国家的技术优势，这种优势没有办法随知识一起转移。

面对越发严格的外部环境规制，跨国企业也开始注重绿色知识共享的重要性（Lin et al.，2017）。绿色知识共享被定义为制造商及其供应链成员之间，共享或转移绿色营销和技术知识的过程，旨在创造新机会和开发新技术以有效减少对环境的负向影响（Cheng，2011；Cheng et al.，2008）。研究表明，跨国企业内部的绿色知识共享能够提升子公司的绿色创新能力和绿色竞争优势（Lin et al.，2017）。因此，母公司往往会给子公司分享绿色知识以确保其环境合规性（Dangelico，2016）。部分研究表明，绿色知识共享有助于绿色创新（Wu，2013）。Wu（2013）发现，绿色创新的成功在于跨国企业获取并与所有子公司共享外部绿色知识和技术。然而，也有部分研究人员发现，知识共享只为跨国企业提供了改进绿色创新的机会（Chen et al.，2015），因为从母公司共享的绿色知识并不一定能与子公司的绿色创新兼容。

5.1.4 政府绿色制度压力对跨国企业污染外包的影响

在本节中，我们对政府绿色制度压力如何影响跨国企业污染外包进行了回顾与总结。由于环境问题日益严峻，政府也愈发重视环境问题对社会经济的发展所造成的阻碍，因此，中国政府出台了一系列措施试图阻止环境恶化，并尽可能减少环境问题对跨国企业和经济发展所造成的影响。在面临政府绿色制度压力时，跨国企业往往会选择污染外包以降低成本。政府绿色制度压力对跨国企业污染外包的影响受到了学者们的广泛关注。

迄今为止，关于环境规制和跨国企业污染外包的理论基础和经验证据仍然没有定论。新古典经济理论指出，"硬性技术标准、环境税或可交易排放权等环境规制迫使跨国企业投入资源以进行（劳动力、资本）污染防治，从商业角度来看，这对于跨国企业是无益的，即使它改善了环境质量"（Ambec et al.，2020）。这主要是因为严格的环境规制使得跨国企业不得不将自身的部分资源投入到污染防治中，这必然会限制跨国企业在生产过程中的选择或投入，从而将资本从生产性投资中转移出去（Hamamoto，2006）。因此从某种意义上来说，环境规制会促进跨国企业进行污染外包以降低成本，这一方面最知名的理论就是"污染天堂假说"。

与传统观点相反，"波特假说"指出，设计合理的环境规制实际上能够帮助跨国企业增加研发投入和推动创新，从而部分甚至完全抵消跨国企业的合规成本，因此会降低跨国企业进行污染外包的可能性（Porter et al.，1995）。这是因为跨国企业通过创新减少污染可能会提高资源利用效率并最终反映在其生产力的提高方面。此外，在环境规制的压力下，跨国企业将找到最优、成本效益最高的合规方式，进而推动技术创新，提升市场竞争力，实现"双赢"（Brännlund et al.，2009；刘晔 等，2017）。因此，"波特假说"认为，环境规制对跨国企业研发投入和创新具有积极影响，而对跨国企业污染外包产生抑制作用。根据"波特假说"，大量实证研究证明了环境规制与跨国企业研发投入和创新之间的正向关系。如 Hamamoto（2006）发现了日本制造业的污染控制成本和研发投入之间的正相关关系。Ramanathan 等（2017）基于对英国和中国公司的 9 个案例进行研究发现，环境规制有助于诱导跨国企业进行研发和创新。Franco 和 Marin（2017）分析了 2001—2007 年 8 个欧洲国家的环境税对跨国企业研发与创新的影响。他们的研究表明，严格的环境规制不仅可以促进跨国企业进行研发与创新，还可以提高跨国企业的生产力。然而，跨国企业创新更多地受到下游环境规制的影响。Chakraborty 和 Chatterjee（2017）调查了德国染料禁令对印度上游染料生产化学公司的影响，调查发现，禁令实施后印度跨国企业的研发收入显著增加。这表明环境规制在跨国企业研发投入起到积极作用。

除以上两种观点外，还有部分学者认为环境规制与跨国企业污染外包之间存在一种不显著的非线性关系（Daddi et al.，2010；蒋伏心 等，2013；李圆圆 等，2019；Kneller et al.，2012）。如 Brunnermeier 和 Cohen（2003）发现，污染减排支出与跨国企业污染外包的减弱有关。然而，当环境规制通过监管监督和执法活动来衡量时，这种联系却是微不足道的。与之相似，Kneller 和 Manderson（2012）发现，环境规制能够对跨国企业的环境研发投入和环境资本投资产生正向影响。然而，没有证据表明严格的环境规制可以影响跨国企业的总研发投入或污染外包。通过利用 17 个欧洲国家的制造业数据，Rubashkina 等（2015）发现环境规制可以使跨国企业专利申请数量增加，但不会导致跨国企业研发投入增加。韩先锋等（2014）则发现，环境规制对跨国企业研发与技术创新具有积极作用。同时，环境规制强度与研发技术进步之间存在一定的门槛效应，两者呈现倒"U"形关系。只有当环境规制的强度超过一定阈值时，"波特假说"才能在中国工业领域成立。Jaffe 和 Palmer（1997）发现，当行业因素得到控制时，环境规制才会对研发投入与污染外包产生积极影响。

上述文献综述总结了不同行业和国家不同形式的环境规制与跨国企业行为（研发投入与污染外包）之间的关系，但是现有研究仍存在不足。首先，大多数研究环境规制影响跨国企业行为的研究对象都集中在发达国家，如美国、日本（Hamamoto，2006；Jaffe et al.，1997；Kneller et al.，2012；Rubashkina et al.，2015），而对其他国家和地区的新兴市场的关注较少。此外，内生性可能会对环境规制如何影响跨国企业的估计产生偏差（Chakraborty et al.，2017；Kneller et al.，2012；Ramanathan et al.，2017）。内生性主要有两个来源：测量误差和缺失变量。为了减少内生性带来的偏差，本章以中国 260 个地级市政府工作报告中的环境词频作为研究变量，基于精心设计的模型和一系列稳健性检验，试图探索环境词频与跨国企业研发投入和污染外包之间的关系。

5.2 制度背景、理论与研究假设

5.2.1 制度背景

政府工作报告是中国各级政府的年度工作报告，是指导政策实施的政策议程文件。政府工作报告的主要内容包括对上一年度政府工作的回顾和总结，以及政府部门对本年度的工作计划与展望。政府工作报告涵盖了政治、经济、文化等领域的公共事务，其中也包括了生态环境治理方面的内容。

在过去的十年中，中国国内出现了大量关注政府工作报告的学术和非学术研究。这些研究或多或少采用了一种方法：通过文本分析法来分析政府工作报告中关键词和短语的出现、频率和模式，以找到政府政策的变化

（Quinn et al., 2010）。政府工作报告发挥了非常重要的作用，因此也成为学术研究的焦点。例如，郭毅等（2010）选取了 6 个中央文件为研究对象探究了"红头文件"的语言系统对国有跨国企业改革的影响，结果表明文件中的不同语气能够影响并制约国有跨国企业改革的进程。侯新烁和杨汝岱（2016）基于对 2002 年至 2013 年中央和地方政府年度工作报告的词频分析，对推动城镇化的政府决议进行了特征分析。此外，使用中国各级政府工作报告的实证研究还涵盖了其他部分领域，如房地产市场干预（吴璟等，2015）、公共卫生（Jin，2016）和城建投资债券（Guo et al., 2019）等方面。

在某些情况下，政府工作报告的内容将会反映政府未来的规划与行动。徐现祥和刘毓芸（2017）对中国经济增长的研究表明，政府工作报告中提出的经济增长率目标与实际增长率是基本一致的。然而，也有部分研究人员指出，政府工作报告中的话语是否会转化为行动取决于报告中所使用的词语。例如，在一项关于经济增长与环境污染关系的研究中，Yu 和 Song（2017）发现，在地级市政府工作报告中，当使用"高于"或"确保"等肯定性词汇来描述经济目标时，更容易对环境污染造成影响；当使用诸如"围绕"或"关于"之类的模棱两可的词时，其影响就不那么显著了。

这些现有的研究表明，政府工作报告是中国不断变化的政治和经济环境的晴雨表，同时这些报告为理解政策提供了重要线索。随着时间的推移，政府工作报告已经逐渐发展成为一个高度制度化的系统，具有一致的发布时间、开放获取的途径、统一的格式以及制定和实施的既定程序（Wang，2017）。政府工作报告的一致性和可访问性使其成为获取政策信息和衡量政策变化的手段之一。具体而言，政府工作报告可以帮助学者进行系统性的数据收集、跨地区和跨行政级别的数据比较，从而得出关于政策方面的部分结论。此外，由于当前的政府工作报告倾向于使用具有数值的可量化目标（如 GDP、增长率等），部分学者可以通过政府工作报告寻找其需要的统计数据，这种来自政府工作报告的统计数据往往不会存在误差，因此其精确性得到了保证。

5.2.2　相关理论简述

5.2.2.1　制度理论

制度理论解决了"为什么一个领域中的所有组织都倾向于表现出相似性"（DiMaggio et al., 1983）的核心问题。制度被认定为"为社会行为提供稳定性和意义的规制性、规范性和认知结构和活动"（Scott, 1995）。制度包括法律法规、习俗、社会文化和专业规范等。在环境管理领域已经证明，制度可以对组织施加约束性影响，这种影响被称为同构，这迫使位于同一地理区域或行业类别的组织与面临相同环境条件或影响的其他组织行为相似。

根据这一理论，制度能够对组织施加三种同构压力：强制性同构、模仿性同构和规范性同构（DiMaggio et al., 1983）。强制性同构是指来自拥有组织所依赖的资源的外部实体的压力。模仿性同构是指当一个组织不确定它应该做什么时可以模仿或复制其他成功组织的行为。规范性同构是指通过教育、培训方法、专业网络和员工在公司之间的流动所建立的专业标准和实践。所有这些压力都会使组织产生同构行为，因为它们旨在从外部机构获得合法性。

制度理论认为，一个国家的制度设置能够通过提供激励和支持、创造稳定的环境、降低交易成本、降低风险和不确定性来促进投资。Daude 和 Stein（2007）指出，投资决策可能取决于制度环境的不同维度。作为一种投资形式，研发活动对制度质量也很敏感（Waarden, 2001）。研究表明，教育投资、强有力的法律保护、稳定的政治和经济形势与跨国企业的研发投入和创新呈正相关关系（Varsakelis, 2006）。Pattit 等（2012）发现，自19 世纪中叶以来制度对美国跨国企业技术创新存在显著的影响，在相当长的一段时间内，那些正式和非正式机构都在美国技术创新方面发挥了主导作用。Wang 等（2015）提出，外部制度能够通过法律法规和政策等来影响跨国企业研发与创新活动。同时，制度能够影响跨国企业研发投入的成本，保护跨国企业的成果产出，从而影响跨国企业的创新活动。Choi 等（2014）指出，有效的制度可以通过最小化决策者之间的代理问题来鼓励研发投入。更好的制度促进了金融市场的自由化，这实际上是通过减少公司的财务约束来鼓励研发投入（Laeven, 2003）。因此，更强有力的制度设置很可能有助于促进研发投入并改善一个国家的知识积累和知识溢出。这些研究结果证实了公司的创新能力取决于制度设置的观点（Yi et al.，2013）。

不同的制度间可能存在较大的差异。根据 Krammer（2015）的说法，在实践中，如何准确地衡量制度差异是一项"艰巨的任务"。与之相似，Mahendra 等（2015）认为，人们很难去衡量制度变量，因为每个国家和地区都可能对制度的定义存在不同的理解和看法。Dunning（2006）也指出了国家层面制度变量的差异，而国家层面的制度又会对跨国企业战略产生较大的影响（Wan et al.，2003）。因此，国家级机构能够显著影响跨国企业研发投入的市场估值（Pindado et al.，2015）。

鉴于外部制度对跨国企业所产生的影响，有学者研究了政府与跨国企业研发投入和创新之间的关系。结果表明，一个高效的政府能够使投资者感到自信并保障其未来的投资回报。Jiao 等（2015）指出，政府制定的财政政策能够为跨国企业提供内部激励，从而促进跨国企业的研发和创新活动。因此，一个好的政府会鼓励私营和公共跨国企业开展研发和创新活动。例如，新加坡政府通过安排研发人力培训和吸引外国投资者来促进对私营和公共跨国企业的研发投入（Tsang et al.，2008）。此外，政府的能力越强，其越能够为跨国企业的研发与创新活动提供更多的支持和补贴（Szczygielski et al.，2017）。

5.2.2.2 波特假说

传统经济学认为，环境规制所产生的社会效益是以市场主体私人成本的增加为代价的。在静态假设下，环境规制的实施无形中增加了市场主体的成本，削弱其市场竞争力，使其在国际贸易中的贸易条件恶化。自 20 世纪 70 年代首个环境规制方案提出以来，关于环境规制是否会对跨国企业潜在竞争力产生影响引起了广泛的关注。一些跨国企业和政策制定者认为，严格的环境规制方案会使本国污染密集型生产流向环境规制不那么严格的国家或地区，从而改变了工业生产的空间分布及随后的国际贸易流向。尤其是对那些坚定地支持严格环境规制方案的国家来说，它们为了实现污染排放大幅度减少所进行的努力有可能使本国的污染密集型生产商在全球经济中处于竞争的劣势。

Porter（1991）却第一次指出，环境保护和经济效益之间能实现双赢，即更为严格的环境规制实际会对受规制公司的竞争力产生积极影响。在适当且有效的环境规制下，跨国企业有动力进行创新活动来提升生产力，从而抵消由环境规制产生的额外成本，甚至能够为跨国企业带来更多盈利的可能。与新古典经济学环境保护理论不同，"波特假说"的观点更具动态性。在大多数情况下，由于跨国企业自身所拥有的技术无法帮助其承受更加严格的环境规制，其只能付出高额的成本来解决环境问题。因此鼓励开发新的环保技术是制定环境规制的核心观点。更严格的环境规制会使得跨国企业进行更多的投资来开发新的减少污染的技术。这样的规制可以促使跨国企业进行技术及工艺创新，进而使公司削减成本、提高效率，以此来减少或完全抵消受规制的成本，并有助于公司获得国际技术的领先地位并且扩大市场份额。"波特假说"的理论预测，一个国家可以通过以下方式为本国跨国企业带来先发优势：通过比其他国家和地区更早地对污染进行管制，使得本土公司研发新的清洁能源技术并在全球处于领先地位（Porter et al.，1995）。

5.2.2.3　组织双元性理论

组织双元性是指跨国企业同时追求开发和探索。其中，开发是指对现有技术基础的改进和扩展，探索则是侧重于跨国企业开发新的技术基础（Cao et al.，2009）。组织双元性提高了跨国企业对不断变化的环境的适应能力，因此对跨国企业的长期成功具有重要意义。

虽然组织双元性很重要，但是跨国企业的探索和开发形成了一个悖论，处理这种悖论的方法在组织双元性文献中具有重要地位。由于组织双元性的核心在于资源分配，资源稀缺假设一直是争论开发和探索不相容的核心逻辑之一（Gupta et al.，2006）。跨国企业在将稀缺资源分配给开发或探索方面面临权衡取舍的难题，因为它们以零和博弈的形式相互作用。按照这个逻辑，跨国企业应该平衡开发和探索的相对水平，或者在从开发到探索的连续过程中找到最佳配置点（Gupta et al.，2006）。

然而 Gupta 等（2006）的研究表明，并非所有类型的资源都受到稀缺性的约束。开发和探索可以共享这些类型的资源（如技术和灵活资源）。开发可以通过共享相关资源来补充探索。另外，获取外部资源也可以缓解内部资源匮乏。因此，在具有较高社会资本的跨国企业中，开发可以补充探索。

5.2.2.4 污染天堂假说

众所周知，工业化国家往往寻求在发展中国家经营工厂。这些发展中国家之所以能够吸引来自世界各地的许多产业，不仅因为它们拥有较廉价的劳动力和较丰富的自然资源，还因为它们拥有不那么严格的环境规制。因此，外国投资的增加会加剧发展中国家的污染问题。

有大量实证研究分析了不同国家和地区的"污染天堂假说"。该假说认为，自然和环境资源是吸引全球污染行业的稀缺资源。为了吸引更多的外国投资，欠发达国家和地区可能会以牺牲环境为代价来吸引外部投资，即使这种投资会在当地造成严重污染及其他严重的环境问题，这会导致发达国家在污染治理方面的努力并不会取得预期成果。因为在发达国家严格的环境规制下，跨国企业往往会选择通过污染外包的方式规避额外成本而非进行环境改善。

5.2.3 研究假设

地方政府绿色关注度对跨国企业研发投入的影响主要能够通过以下几点来解释：

首先地方政府工作报告作为未来一年地方政府开展工作的"风向标"，能够反映地方政府在未来一年内的政策规划与行动。区域性政策可以在不违背中央政府政策重点的情况下由地方政府自主制定工作议程，这也进一步提升了地方政府工作报告的重要性。当地方政府工作报告中关于环境词汇出现的频率或占比升高时，表明地方政府在未来一年的关注点和工作重心将会向环境方面倾斜，这也意味着地方政府对环境规制的执行将更加严格，对污染密集型跨国企业的惩罚力度将加大。这一系列的限制措施会迫使跨国企业降低污染排放水平，否则将会面临巨额罚款以及后续一系列连锁反应（如政府补贴降低或取消等），这些都会对跨国企业未来的发展产生非常严重的影响。在可持续发展和绿色发展的大背景下，跨国企业唯有想办法减少自身的污染排放才能不被市场淘汰。在这种基础上，增加研发投入、提高生产效率、降低生产成本、减少污染排放，成为跨国企业追求利益最大化的最佳方案。在这种情况下，跨国企业增加研发投入就成了其规避政策与环境风险的最明智的选择。基于此，本章可以提出以下假设：

假设1：地方政府绿色制度压力加大会使得当地跨国企业的研发投入增加。

鉴于地方政府工作报告反映了地方政府在未来一年中的工作重心，因此，当地方政府工作报告中的环境词频增加时，表明地方政府在未来一年中将重点关注跨国企业在环境方面的改善。在这种情况下，跨国企业需要想办法在尽可能维持利润的情况下满足政府要求，而污染外包就是一个较为合适的选择。一方面，污染外包能够显著减少跨国企业在污染物生产过程中造成的环境污染；另一方面，污染外包能够最大化维持跨国企业利润，降低跨国企业合规成本。基于此，本章可以提出以下假设：

假设2：地方政府绿色制度压力加大对跨国企业污染外包起正向促进作用。

5.3 数据和模型设置

5.3.1 数据来源

本章依托2004—2013年中国289个地级市政府工作报告中的环境词频数据，以及外资企业数据库中关于跨国企业研发投入的数据来实证甄别地级市政府绿色关注度对跨国企业研发投入状况的影响，并在此基础上进一步评估政府政策的有效性及其对跨国企业研发投入战略的影响。在环境词频数据方面，本章参考陈诗一和陈登科（2018）的方法，通过手工整理2004—2013年全国31个省份289个地级市政府工作报告，筛选出地级市政府工作报告中出现的与环境相关的词汇，具体包括：环境保护、环保、污染、能耗、减排、排污、生态、绿色、低碳、空气、化学需氧量、二氧化硫、二氧化碳、PM10以及PM2.5，并将环境词频占地级市政府工作报告词频总数的比重作为地级市政府绿色关注度衡量指标。以上词汇能够更为全面地反映政府环境治理的力度，也能够系统地反映政府在环境治理工作方面的投入。

5.3.2 核心变量说明

本章主要变量的描述性统计如表5-1所示。

表 5-1　主要变量的描述性统计

变量名	中文名	变量说明	样本量	最大值	最小值	均值	标准差
id	跨国企业代号	区分不同跨国企业的唯一 id	709 042	260 393	3	122 565.3	50 994
RDinv	研发投入	跨国企业当年研发投入的对数值	709 042	25.43	0	1.52	4.55
greenfre	绿色词频	跨国企业所处地级市当年政府工作报告中绿色词汇出现次数	709 042	110	1	35.61	13.47
country	国籍	用以区分跨国企业国籍的虚拟变量	709 042	159	1	121.32	46.42
province	所在省份	用以区分跨国企业所在省份的虚拟变量	709 042	26	1	10.46	6.11
industry	所处行业	用以区分跨国企业所处行业的虚拟变量	555.611	940	1	479.40	243.74
ctype	跨国企业性质	用以区分跨国企业所有权性质的虚拟变量	708 882	3	1	1.29	0.52
lnexpor	出口额	控制变量：跨国企业出口额的对数	701 461	25.59	0	2.02	3.12
lnasset	总资产	控制变量：跨国企业总资产的对数	708 804	28.21	0.01	16.72	2.33
lnincom	销售收入	控制变量：销售收入的对数	708 976	26.60	0	14.04	6.11
lncost	销售成本	控制变量：跨国企业销售成本的对数	590 411	27.27	0	13.50	6.39
lntax	总税费	控制变量：跨国企业所缴税费总额的对数	708 971	25.89	0	11.40	5.07
techserve	高新服务跨国企业	是否为高新服务跨国企业的二元变量	695 415	2	1	1.00	0.07
Rdcentre	是否有研发中心	是否有研发中心的二元变量	695 415	2	1	1.08	0.27
hightech	高新技术跨国企业	是否为高新技术跨国企业的二元变量	695 415	2	1	1.05	0.22

　　政府工作报告中的环境词频（绿色词频）是本章的分析重点。本章利用陈诗一和陈登科（2018）的方法对其进行了定量测算。其中，环境词频的定义为跨国企业所在地级市当年政府工作报告中环境词汇出现的次数。

由表5-1可知，环境词频样本总量为709 042，其中最大值为110，最小值为1，所有样本的均值为35.61，标准差为13.47。

加入国家层面绿色专利作为调节变量之后，我们对数据进行了新的匹配，新的描述性统计如表5-2所示。

表5-2　引入调节变量后主要变量的描述性统计

变量名	中文名	变量说明	样本量	最大值	最小值	均值	标准差
id	跨国企业代号	区分不同跨国企业的唯一id	190 777	260 391	3	123 768.2	51 616.33
RDinv	研发投入	跨国企业当年研发投入的对数值	190 777	22.74	0	1.47	4.47
greenfre	绿色词频	该跨国企业所处地级市当年政府工作报告中绿色词汇出现次数	190 777	110	1	34.40	12.58
greenpat-ents	绿色专利	跨国企业所处国籍累计绿色专利数	190 777	54 042	1	20 900.8	23 024
country	国籍	用以区分跨国企业国籍的虚拟变量	190 777	158	1	101.79	35.88
province	所在省份	用以区分跨国企业所在省份的虚拟变量	190 777	26	1	10	6.92
industry	所处行业	用以区分跨国企业所处行业的虚拟变量	151 066	940	1	476.38	235.93
ctype	跨国企业性质	用以区分跨国企业所有权性质的虚拟变量	190 715	3	1	1.31	0.50
lnexpor	出口额	控制变量：跨国企业出口额的对数	188 743	23.41	0	2.47	3.27
lnasset	总资产	控制变量：跨国企业总资产的对数	190 758	28.21	0.01	16.41	2.43
lnincom	销售收入	控制变量：销售收入的对数	190 773	26.60	0	14.73	5.44
lncost	销售成本	控制变量：跨国企业销售成本的对数	158 884	26.34	0	11.86	4.75
lntax	总税费	控制变量：跨国企业所缴税费总额的对数	190 767	24.77	0	11.86	4.75
techserve	高新服务跨国企业	是否为高新服务跨国企业的二元变量	187 189	2	1	1.00	0.09
Rdcentre	是否有研发中心	是否有研发中心的二元变量	187 189	2	1	1.07	0.26
hightech	高新技术跨国企业	是否为高新技术跨国企业的二元变量	187 189	2	1	1.05	0.21

5.3.3　模型构建

为考察地级市政府工作报告中的环境词频对跨国企业研发投入的影响，本章构建模型如下：

$$\text{RDinv}_{ijt} = \beta_0 + \beta_1 \text{greenfre}_{jt} + \gamma_i + \alpha_t + \varepsilon_{ijrt} \qquad (5-1)$$

为考察地级市政府工作报告中的环境词频对跨国企业污染外包的影响，本章构建模型如下：

$$\ln\_\text{imp}_{ijt} = \beta_0 + \beta_1 \text{greenfre}_{jt} + \gamma_i + \alpha_t + \varepsilon_{ijrt} \qquad (5-2)$$

其中，i、j、t 分别表示跨国企业、行业以及时间，ε_{ijrt} 是随机扰动项。被解释变量 RDinv 表示跨国企业研发投入情况，被解释变量 ln_imp 表示跨国企业污染外包情况，解释变量 greenfre 表示年环境词汇出现次数。

除上述指标之外，本章选择了一系列跨国企业经济特征指标作为控制变量，包括出口额（lnexpor）、总资产（lnasset）、销售收入（lnincom）、销售成本（lncost）、总税费（lntax）。本章有关变量的描述性统计结果如表 5-1 所示。

5.4　实证分析

5.4.1　基准回归

我们以本章构建的回归模型为基础，在控制跨国企业和年份固定效应的基础上，逐步添加控制变量以及国家和行业固定效应，对地级市政府工作报告中的环境词频与跨国企业的研发投入水平进行回归分析。

表 5-3 是关于跨国企业研发投入与地级市政府工作报告中的环境词频的基准回归。由回归结果可知，环境词频对跨国企业研发投入的回归系数是正向且显著的，即随着地级市政府工作报告中的环境词频增加，当地跨国企业研发投入也相应增多。当政府工作报告中关于环境的词汇出现的次数越多，表明当地政府在本年度对于环境污染的防治越加关注，当地跨国企业将会面临更加严格的环境规制。在这样的政策背景下，当地跨国企业为了在最大限度地规避由政府严格的环境规制所带来的额外成本，往往会选择加大研发投入。在加入了控制变量（出口额、总资产、销售收入、销售成本、总税费）的基础上，以及在进一步控制个体、时间、国家和行业

的固定效应之后，结果依旧稳健，这也进一步说明本章的模型构建是合理的。因此，当政府环境报告中的环境词频较高时，表明政府的关注点会向环境方面倾斜，对于跨国企业污染等方面的容忍度降低，在此背景下，跨国企业会选择增加研发投入以应对环境规制压力并规避额外风险。

表 5-3　基准回归（绿色创新）

项目	RDinv			
	（1）	（2）	（3）	（4）
greenfre	0.003 ***	0.003 ***	0.003 ***	0.004 ***
	（0.000）	（0.000）	（0.000）	（0.000）
lnexpor		0.091 ***	0.091 ***	0.080 ***
		（0.003）	（0.003）	（0.004）
lnasset		0.128 ***	0.128 ***	0.106 ***
		（0.004）	（0.004）	（0.005）
lnincom		0.010 ***	0.010 ***	0.013 ***
		（0.001）	（0.001）	（0.002）
lncost		0.017 ***	0.017 ***	0.014 ***
		（0.001）	（0.001）	（0.001）
lntax		0.035 ***	0.035 ***	0.033 ***
		（0.001）	（0.001）	（0.002）
_cons	1.405 ***	−1.706 ***	−1.706 ***	−1.240 ***
	（0.011）	（0.069）	（0.069）	（0.082）
个体效应	是	是	是	是
时间效应	是	是	是	是
国家效应			是	是
行业效应				是
样本量	708 993	590 147	590 147	454 100
拟合优度	0.735	0.739	0.739	0.791

注：*、**、*** 分别表示在 10%、5%、1%水平下显著；括号内为稳健标准误。

为了更好地研究国家层面绿色知识水平对跨国企业的影响，我们引入国家层面绿色知识水平作为调节变量，在此基础上对环境词频和跨国企业研发投入进行基准回归，回归结果如表 5-4 所示。引入国家层面绿色知识水平作为调节变量后，greenfre_GPG 系数显著为负，分别为 −0.003、−0.004、−0.004、−0.005。结果表明，环境词频对于母国国家绿色知识水平高的跨国企业研发投入促进效应偏弱。这主要是因为如果跨国企业的母国绿色知识水平较高，那么跨国企业能够从母国获得大量知识和技术层面的援助，所以其往往具备较强的绿色创新能力，受到的本地环境规制的束缚较小，环境规制对其绿色创新的影响较弱。

表 5-4　引入国家层面绿色知识水平的基准回归

项目	RDinv			
	（1）	（2）	（3）	（4）
greenfre_GPG	−0.003 **	−0.004 ***	−0.004 ***	−0.005 ***
	（0.001）	（0.001）	（0.001）	（0.002）
greenfre	0.005 ***	0.006 ***	0.006 ***	0.006 ***
	（0.001）	（0.001）	（0.001）	（0.002）
lnexpor		0.057 ***	0.057 ***	0.050 ***
		（0.006）	（0.006）	（0.007）
lnasset		0.108 ***	0.108 ***	0.078 ***
		（0.008）	（0.008）	（0.008）
lnincom		0.009 ***	0.009 ***	0.013 ***
		（0.003）	（0.003）	（0.003）
lncost		0.016 ***	0.016 ***	0.013 ***
		（0.002）	（0.002）	（0.003）
lntax		0.035 ***	0.035 ***	0.032 ***
		（0.003）	（0.003）	（0.004）
_cons	1.348 ***	−1.366 ***	−1.366 ***	−0.734 ***
	（0.025）	（0.122）	（0.122）	（0.138）
个体效应	是	是	是	是
时间效应	是	是	是	是
国家效应			是	是
行业效应				是
样本量	190 772	158 849	158 849	122 992
拟合优度	0.734	0.736	0.736	0.788

注：*、**、*** 分别表示在 10%、5%、1% 水平下显著；括号内为稳健标准误。

表 5-5 是跨国企业污染外包和地级市政府工作报告中的环境词频的基准回归。通过回归结果可知，从环境规制高和环境规制低的国家进口都不显著，因此可以说地方政府绿色制度压力对跨国企业污染外包没有显著的影响。这与假设不符，这可能是因为地方政府工作报告反映的是地方政府在未来一年内的关注点以及对待环境问题的态度，而地方政府直接管控当

地行政部门，能够直接通过行政手段对跨国企业的发展进行调控与干预。因此，相较于普通法律法规，地方政府对跨国企业的影响更为直接。所以地级市政府工作报告中的环境词频增加，相当于政府释放了希望跨国企业提高绿色创新水平的潜在信号，在此基础上跨国企业更倾向于直接增加研发投入，而不会选择污染外包来应对压力。

表 5-5 基准回归（污染外包）

项目	ln_imp_UNFCC_after_china	ln_imp_UNFCC_before_china
	（1）	（2）
greenfre	−0.005	−0.050
	（0.004）	（0.041）
lnexpor	1.291***	12.913***
	（0.109）	（1.085）
lnasset	0.209***	2.087***
	（0.026）	（0.261）
lnincom	0.369***	3.688***
	（0.039）	（0.390）
lncost	0.158***	1.577***
	（0.017）	（0.167）
lntax	0.212***	2.117***
	（0.027）	（0.268）
_cons	6.101***	61.009***
	（1.041）	（10.413）
个体效应	是	是
时间效应	是	是
国家效应	是	是
行业效应	是	是
样本量	688 787	688 787
拟合优度	0.851	0.851

注：*、**、***分别表示在10%、5%、1%水平下显著；括号内为稳健标准误。

5.4.2　稳健性检验

为了检验基准结果的有效性，本章进行了如下稳健性检验：第一，更换模型设定。基准回归中，本章采用了最小二乘回归法，但由于跨国企业研发投入数据中存在大量的 0 值，基准结果可能存在由于模型设定带来的偏误。基于此，本章采用 Tobit 模型进行估计，结果如表 5-6 列（1）所示。第二，替换核心解释变量的度量方法。基准回归采用了地级市政府工作报告中的环境词频作为地方政府绿色关注度的度量指标，本章进一步采用地级市政府工作报告中的环境词频来表征地方政府绿色关注度并进行回归，结果如表 5-6 列（2）所示。第三，考虑遗漏变量的问题。行业层面的因素，如行业结构、行业污染属性可能会对地方政府是否关注环境问题产生影响，从而对本章基准结果产生偏误。基于此，本章在回归中添加了行业 * 年份层面的固定效应以解决行业层面的遗漏变量问题，结果如表 5-6 列（3）所示。

由表 5-6 可知，在更换模型、替换核心变量以及添加更多控制变量的基础上，地方政府绿色关注度对跨国企业研发投入的影响效应仍然显著为正。这一结果印证了本章核心结论的稳健性。

表 5-6　稳健性检验

项目	RDinv		
	（1）	（2）	（3）
greenfre	0.103***		0.002***
	(0.004)		(0.001)
w_freq_propo		13.510***	
		(3.671)	
lnexpor	1.298***	0.080***	0.075***
	(0.016)	(0.004)	(0.004)
lnasset	2.789***	0.106***	0.106***
	(0.036)	(0.005)	(0.005)
lnincom	0.458***	0.013***	0.015***
	(0.028)	(0.002)	(0.002)
lncost	0.242***	0.014***	0.015***
	(0.023)	(0.001)	(0.001)
lntax	1.202***	0.033***	0.030***
	(0.028)	(0.002)	(0.002)

表5-6(续)

项目	RDinv		
	（1）	（2）	（3）
_cons	−109.807***	−1.174***	−1.152***
	（0.614）	（0.082）	（0.082）
个体效应		是	是
时间效应		是	是
国家效应		是	是
行业效应		是	是
行业 * 年份			是
样本量	590 198	454 100	453 889
拟合优度		0.790	0.794

注：*、**、*** 分别表示在 10%、5%、1% 水平下显著；括号内为稳健标准误。

此外，我们还对引入国家层面绿色知识水平的基准回归进行了稳健性检验。①加入行业乘以年份的固定效应，以解决模型存在潜在的行业层面的遗漏变量问题，结果如表 5-7 列（1）所示。②采用 Tobit 模型进行回归，以解决模型设定误差对基准结果的干扰，结果如表 5-7 列（2）所示。③更换绿色压力的度量，将环境词频换为环保关键词占比，并进一步做交互，分别在未加入控制变量和加入控制变量的情况下进行回归，结果分别如表 5-7 列（3）、列（4）所示。表 5-7 的结果表明，无论是增加控制变量，还是更换模型，抑或是更换核心解释变量的度量方法，基准结果依然稳健。

表 5-7　国家层面绿色知识水平稳健性检验

项目	RDinv			
	（1）	（2）	（3）	（4）
greenfre_GPG	−0.005***	−0.102***		
	（0.002）	（0.005）		
greenfre	0.004***	0.130***		
	（0.002）	（0.008）		
greenfreratio_GPG			−15.686*	−25.218***
			（8.774）	（9.562）
w_freq_propo			20.171***	27.441***
			（7.217）	（7.912）

表5-7（续）

项目	RDinv			
	（1）	（2）	（3）	（4）
lnexpor	0.047 ***	0.979 ***		0.057 ***
	（0.007）	（0.032）		（0.006）
lnasset	0.076 ***	3.271 ***		0.107 ***
	（0.008）	（0.076）		（0.008）
lnincom	0.012 ***	0.401 ***		0.009 ***
	（0.004）	（0.064）		（0.003）
lncost	0.013 ***	0.099 **		0.016 ***
	（0.003）	（0.051）		（0.002）
lntax	0.029 ***	1.149 ***		0.035 ***
	（0.004）	（0.059）		（0.003）
_cons	−0.565 ***	−113.814 ***	1.399 ***	−1.315 ***
	（0.140）	（1.226）	（0.026）	（0.122）
个体效应	是		是	是
时间效应	是		是	是
行业 * 年份效应	是			
样本量	122 639	158 854	190 772	158 849
拟合优度	0.795		0.734	0.736

注：*、**、***分别表示在10%、5%、1%水平下显著；括号内为稳健标准误。

5.4.3　内生性问题

政府可能为了更好地激励跨国企业进行研发而更加关注环境问题，即跨国企业的研发行为可能会反向影响地方政府绿色关注度。为了更好地解决这一反向因果联系对基准回归所造成的偏误，本章采用工具变量法进行回归。合理有效的工具变量往往需要同时满足两个条件：一是其具有外生性；二是要与解释变量具有一定相关性关系。

由于本节内容关注地级市政府工作报告，地级市距离北京的远近这一点就具有很强的外生性，因此我们选择将其构建为研究中的工具变量。北京作为中国的政治中心，当地级市距离北京更近时，其可能受到中央政府更为严格的监管，因此其更加注重当地的环境保护。然而，如果仅仅选择地级市距离北京的远近来构建工具变量，由于其是一个不随年份变化的固定量值，会被模型中的固定效应吸收。基于此，我们采用距离北京的距离与随时间变化的城市税收交互，以构建具有年份趋势的工具变量，并对其进行检验，结果如表5-8所示。结果表明，即使加入了构建的工具变量，核心结论依旧是正向且显著的。

表5-8　工具变量

项目	RDinv			
	（1）	（2）	（3）	（4）
greenfre	0.017***	0.018***	0.018***	0.016*
	（0.004）	（0.003）	（0.003）	（0.009）
lnexpor		0.098***	0.098***	0.088***
		（0.005）	（0.005）	（0.005）
lnasset		0.136***	0.136***	0.111***
		（0.009）	（0.009）	（0.010）
lnincom		0.012***	0.012***	0.012***
		（0.004）	（0.004）	（0.004）
lncost		0.019***	0.019***	0.021***
		（0.003）	（0.003）	（0.004）
lntax		0.037***	0.037***	0.033***
		（0.003）	（0.003）	（0.004）
个体效应	是	是	是	是
时间效应	是	是	是	是
国家效应			是	是
行业效应				是
样本量	270 275	217 224	217 224	184 244
拟合优度	0.002	0.008	0.008	0.006

注：*、**、***分别表示在10%、5%、1%水平下显著；括号内为稳健标准误。

5.4.4　异质性分析

地级市政府工作报告中的环境词频高的地区会促使跨国企业在研发方面投入更多。然而，该结果极有可能在跨国企业、行业以及区域等层面出现异质性。为了进一步保证回归结果的稳健性，本章考察地级市政府工作报告中的环境词频对跨国企业研发投入的促进作用在不同类型跨国企业上的异质性。鉴于非独资跨国企业较独资跨国企业拥有更多的当地社会资源，可能受到的政策影响较小，故本章根据跨国企业的企业性质（是否为独资跨国企业）对样本进行分组回归。回归结果如表5-9所示。greenfre

的系数在没有加控制变量的情况下分别为 0.004 和 0.002，且独资跨国企业的子样本在 1%的水平下显著为正，非独资跨国企业子样本回归结果不显著。从表 5-9 中可以看出，在地方政府绿色关注度提高的情况下，相较于非独资跨国企业，独资跨国企业的研发投入会更多。

表 5-9　跨国企业的企业性质异质性分析

项目	RDinv			
	独资跨国企业		非独资跨国企业	
	（1）	（2）	（3）	（4）
greenfre	0.004***	0.004***	0.002	0.002
	（0.001）	（0.001）	（0.002）	（0.002）
lnexpor		0.051***		0.082***
		（0.006）		（0.014）
lnasset		0.086***		0.170***
		（0.007）		（0.020）
lnincom		0.003		0.027***
		（0.003）		（0.008）
lncost		0.014***		0.020***
		（0.002）		（0.006）
lntax		0.023***		0.060***
		（0.003）		（0.007）
_cons	0.950***	−1.111***	2.364***	−2.169***
	（0.027）	（0.116）	（0.054）	（0.332）
个体效应	是	是	是	是
时间效应	是	是	是	是
样本量	136 258	113 399	53 647	44 563
拟合优度	0.700	0.701	0.771	0.777

注：*、**、***分别表示在 10%、5%、1%水平下显著；括号内为稳健标准误。

本章根据母国绿色知识水平将跨国企业样本分为高低组，国家绿色专利数超过 10 000 的国家的绿色专利数之和占全球绿色专利总数的一半以上，因此本章将国家绿色专利超过 10 000 的国家视为高绿色知识水平国家，将其余的国家视为低绿色知识水平国家。随后，再根据跨国企业的企业性质进行分组回归。相较于非独资跨国企业，独资跨国企业一般都由母国完全控股，因此独资跨国企业受到母国的影响更大。回归结果显示，greenfre_GPG 的系数在没有加控制变量的情况下分别为−0.003 和−0.002，且独资跨国企业在 1% 的水平下显著为负，而非独资跨国企业的样本回归结果不显著，如表 5-10 所示。该结果表明，相较于非独资跨国企业，独资跨国企业的母国绿色知识水平越高，它的研发投入越少。

表 5-10　跨国企业的企业性质异质性分析（引入国家层面绿色知识水平）

项目	RDinv			
	独资跨国企业		非独资跨国企业	
	（1）	（2）	（3）	（4）
greenfre_GPG	−0.003 **	−0.004 ***	−0.002	−0.002
	（0.001）	（0.002）	（0.003）	（0.003）
greenfre	0.005 ***	0.006 ***	0.003	0.003
	（0.001）	（0.001）	（0.002）	（0.002）
lnexpor		0.051 ***		0.082 ***
		（0.006）		（0.014）
lnasset		0.086 ***		0.170 ***
		（0.007）		（0.020）
lnincom		0.003		0.027 ***
		（0.003）		（0.008）
lncost		0.014 ***		0.020 ***
		（0.002）		（0.006）
lntax		0.023 ***		0.060 ***
		（0.003）		（0.007）
_cons	0.951 ***	−1.111 ***	2.364 ***	−2.168 ***
	（0.027）	（0.116）	（0.054）	（0.332）
个体效应	是	是	是	是
时间效应	是	是	是	是
样本量	136 258	113 399	53 647	44 563
拟合优度	0.700	0.701	0.771	0.777

注：*、**、*** 分别表示在 10%、5%、1% 水平下显著；括号内为稳健标准误。

此外，行业特征在环境规制实施过程中亦起着重要的作用。由于行业的特性差异，不同行业跨国企业受到环境规制的冲击会根据它们的涉污量而不同。本章将样本行业分为服务业行业和非服务业行业，因为服务业行业大多属于低污染行业，所以在环境规制的调控下，服务业跨国企业理应受到较小的冲击。表 5-11 对该结果进行了实证检验，结果表明，服务业跨国企业样本回归结果不显著，而非服务业跨国企业样本在 1% 显著性水

平下显著为正。可以说，非服务业跨国企业在地方政府绿色关注度提高的
情况下，研发投入显著增多。

表 5-11 跨国企业行业异质性分析

项目	RDinv			
	服务业跨国企业		非服务业跨国企业	
	（1）	（2）	（3）	（4）
greenfre	0.001	0.001	0.003 ***	0.002 **
	（0.001）	（0.001）	（0.001）	（0.001）
lnexpor		0.038 ***		0.060 ***
		（0.009）		（0.007）
lnasset		0.035 ***		0.166 ***
		（0.008）		（0.012）
lnincom		0.008 **		0.015 ***
		（0.003）		（0.005）
lncost		0.008 ***		0.022 ***
		（0.002）		（0.005）
lntax		0.007 **		0.052 ***
		（0.004）		（0.005）
_cons	0.516 ***	−0.354 ***	1.843 ***	−2.389 ***
	（0.026）	（0.113）	（0.035）	（0.206）
个体效应	是	是	是	是
时间效应	是	是	是	是
样本量	64 838	53 925	125 364	104 353
拟合优度	0.713	0.709	0.733	0.737

注：*、**、*** 分别表示在 10%、5%、1% 水平下显著；括号内为稳健标准误。

在引入国家层面绿色知识水平作为调节变量后，我们对跨国企业分行
业进行了异质性分析，结果如表 5-12 所示。可以看出，服务业跨国企业
回归结果不显著，而非服务业跨国企业在引入调节变量后系数显著为负，
分别为−0.006 和−0.007。这表明母国绿色知识水平会稀释地方政府绿色关
注度对非服务业跨国企业研发投入的正向效应。这是因为，绿色知识水平
较高国家的非服务业跨国企业的环保意识较强，且与环境相关的研发投入
水平较高，所以中国地方政府绿色关注度的提高对这部分跨国企业的正向
促进效应较小。

表 5-12　跨国企业行业异质性分析（引入国家层面绿色知识水平）

项目	RDinv			
	服务业跨国企业		非服务业跨国企业	
	（1）	（2）	（3）	（4）
greenfre_GPG	0.002	0.002	−0.006***	−0.007***
	（0.001）	（0.002）	（0.002）	（0.002）
greenfre	0.000	0.000	0.006***	0.006***
	（0.001）	（0.001）	（0.002）	（0.002）
lnexpor		0.038***		0.060***
		（0.009）		（0.007）
lnasset		0.035***		0.166***
		（0.008）		（0.012）
lnincom		0.008**		0.015***
		（0.003）		（0.005）
lncost		0.008***		0.022***
		（0.002）		（0.005）
lntax		0.007**		0.052***
		（0.004）		（0.005）
_cons	0.514***	−0.355***	1.842***	−2.389***
	（0.026）	（0.113）	（0.035）	（0.206）
个体效应	是	是	是	是
时间效应	是	是	是	是
样本量	64 838	53 925	125 364	104 353
拟合优度	0.713	0.709	0.733	0.737

注：*、**、*** 分别表示在 10%、5%、1%水平下显著；括号内为稳健标准误。

　　为了区分城市区域异质性带来的影响，我们将样本分为东部地区和非东部地区两部分。东部地区跨国企业的规模及其技术都比非东部地区跨国企业更具有优势，因此，东部地区跨国企业在受到地方政府绿色关注度影响的情况下，可能会更倾向于加大研发投入来应对严格的环境制度。实证结果如表 5-13 所示，东部地区跨国企业的回归系数为 0.004，且在 1%水平下显著为正；非东部地区跨国企业回归结果不显著。因此，东部地区跨国企业在地方政府绿色关注度提高的影响下，更愿意加大研发投入。

表5-13 跨国企业区域异质性分析

项目	RDinv			
	东部地区跨国企业		非东部地区跨国企业	
	（1）	（2）	（3）	（4）
greenfre	0.004***	0.004***	−0.001	−0.001
	（0.001）	（0.001）	（0.003）	（0.003）
lnexpor		0.054***		0.097***
		（0.006）		（0.028）
lnasset		0.104***		0.153***
		（0.008）		（0.033）
lnincom		0.010***		0.001
		（0.003）		（0.010）
lncost		0.016***		0.020***
		（0.002）		（0.007）
lntax		0.032***		0.054***
		（0.003）		（0.012）
_cons	1.248***	−1.380***	2.424***	−1.303**
	（0.026）	（0.124）	（0.088）	（0.554）
个体效应	是	是	是	是
时间效应	是	是	是	是
样本量	173 863	144 775	16 906	14 071
拟合优度	0.730	0.733	0.750	0.752

注：*、**、*** 分别表示在 10%、5%、1%水平下显著；括号内为稳健标准误。

表5-14 为引入国家层面绿色知识水平作为调节变量后，地方政府绿色关注度对于不同地区跨国企业研发投入的影响。结果表明，东部地区跨国企业受到国家层面绿色知识水平的负向调节，回归系数分别为−0.003 和−0.005，且在1%水平下显著为负；非东部地区跨国企业回归结果不显著。也就是说，东部地区跨国企业如果拥有高绿色知识水平的母国，那么受到环境规制冲击时，会抑制其对于研发的投入。

表 5-14　跨国企业区域异质性分析（引入国家层面绿色知识水平）

项目	RDinv			
	东部跨国企业		非东部跨国企业	
	（1）	（2）	（3）	（4）
greenfre_GPG	−0.003**	−0.005***	−0.001	0.001
	（0.001）	（0.001）	（0.005）	（0.005）
greenfre	0.006***	0.007***	−0.001	−0.001
	（0.001）	（0.001）	（0.003）	（0.003）
lnexpor		0.054***		0.097***
		（0.006）		（0.028）
lnasset		0.104***		0.153***
		（0.008）		（0.033）
lnincom		0.010***		0.001
		（0.003）		（0.010）
lncost		0.016***		0.020***
		（0.002）		（0.007）
lntax		0.032***		0.054***
		（0.003）		（0.012）
_cons	1.248***	−1.381***	2.424***	−1.303**
	（0.026）	（0.124）	（0.088）	（0.554）
个体效应	是	是	是	是
时间效应	是	是	是	是
样本量	173 863	144 775	16 906	14 071
拟合优度	0.730	0.733	0.750	0.752

注：*、**、*** 分别表示在 10%、5%、1%水平下显著；括号内为稳健标准误。

　　跨国企业的出口行为对基准回归结果也会存在异质性，因此本章分析了出口行为所带来的异质性。若跨国企业的产品需要出口，则其产品不仅需要满足本国的环境与质量要求，同时还要满足出口国的要求，因此若外部环境规制变动，容易对其未来一系列战略规划产生连锁反应。若跨国企业产品不存在出口，即产品仅供应本国市场，那么相较而言其具有更强的政策议价能力，受到外部环境规制的影响较小。分组回归结果如表 5-15 所示，有出口跨国企业的回归系数均为 0.005，且在 1% 的水平下显著为正；而无出口跨国企业的回归结果不显著。由此可以得出，地方政府绿色关注度提高对出口型跨国企业研发投入的影响是显著为正的。

表 5-15 跨国企业有无出口异质性分析

项目	RDinv			
	有出口跨国企业		无出口跨国企业	
	（1）	（2）	（3）	（4）
greenfre	0.005 ***	0.005 ***	0.000	0.000
	（0.001）	（0.001）	（0.001）	（0.001）
lnexpor		0.020 **		0.000
		（0.008）		（.）
lnasset		0.166 ***		0.047 ***
		（0.022）		（0.007）
lnincom		0.074 ***		0.010 ***
		（0.016）		（0.003）
lncost		0.022		0.014 ***
		（0.016）		（0.002）
lntax		0.052 ***		0.021 ***
		（0.007）		（0.003）
_cons	2.214 ***	−3.117 ***	0.690 ***	−0.577 ***
	（0.047）	（0.345）	（0.026）	（0.114）
个体效应	是	是	是	是
时间效应	是	是	是	是
样本量	84 412	68 614	100 714	85 832
拟合优度	0.765	0.772	0.695	0.699

注：*、**、*** 分别表示在 10%、5%、1%水平下显著；括号内为稳健标准误。

在引入国家层面绿色知识水平作为调节变量后，对跨国企业有无出口进行异质性检验。对于有出口跨国企业而言，拥有高绿色知识水平的母国，将对地方政府绿色关注度有抑制作用，也就是说，对于高绿色知识水平母国的有出口跨国企业，地方政府绿色关注度提高对其研发投入没有正向激励作用。

表 5-16　跨国企业有无出口异质性分析（引入国家层面绿色知识水平）

项目	RDinv			
	有出口跨国企业		无出口跨国企业	
	（1）	（2）	（3）	（4）
greenfre_GPG	−0.013***	−0.015***	0.002	0.001
	（0.003）	（0.003）	（0.001）	（0.001）
greenfre	0.013***	0.014***	0.000	0.000
	（0.002）	（0.002）	（0.001）	（0.001）
lnexpor		0.019**		0.000
		（0.008）		（.）
lnasset		0.165***		0.047***
		（0.022）		（0.007）
lnincom		0.075***		0.010***
		（0.016）		（0.003）
lncost		0.022		0.014***
		（0.016）		（0.002）
lntax		0.051***		0.021***
		（0.007）		（0.003）
_cons	2.216***	−3.098***	0.689***	−0.577***
	（0.047）	（0.344）	（0.026）	（0.114）
个体效应	是	是	是	是
时间效应	是	是	是	是
样本量	84 412	68 614	100 714	85 832
拟合优度	0.766	0.773	0.695	0.699

注：*、**、*** 分别表示在 10%、5%、1%水平下显著；括号内为稳健标准误。

为了研究跨国企业自身所存在的母国优势以及跨国企业内部存在的知识转移现象对于结论的影响，我们将跨国企业母国收入高低作为衡量标准，分析了其异质性（见表 5-17）。我们发现，当跨国企业母国为高收入国家时，地方政府绿色关注度对于跨国企业研发投入起正向促进作用。这主要是因为母国收入越高，表明跨国企业母公司所拥有的资源就越多，其母国优势就越强，越能为子公司带来更强的资金和技术支持。

表 5-17　跨国企业母国收入高低国家异质性分析

项目	RDinv			
	低收入国家		高收入国家	
	（1）	（2）	（3）	（4）
greenfre	0.000	−0.001	0.004***	0.004***
	(0.004)	(0.004)	(0.000)	(0.000)
lnexpor		−0.018		0.093***
		(0.053)		(0.004)
lnasset		0.070		0.132***
		(0.086)		(0.005)
lnincom		0.024		0.010***
		(0.022)		(0.002)
lncost		0.002		0.018***
		(0.007)		(0.001)
lntax		0.056*		0.036***
		(0.031)		(0.002)
_cons	1.089***	−0.875	1.475***	−1.743***
	(0.137)	(1.518)	(0.012)	(0.084)
个体效应	是	是	是	是
时间效应	是	是	是	是
样本量	1 346	1 120	649 031	540 218
拟合优度	0.663	0.667	0.738	0.741

注：*、**、*** 分别表示在 10%、5%、1%水平下显著；括号内为稳健标准误。

5.5　本章小结

本章主要利用地级市政府工作报告中的环境词频数据、跨国企业研发投入数据以及国家层面绿色专利数据，分析了地级市政府工作报告中的环境词频对跨国企业研发投入的影响。

整体而言，地方政府工作报告中的环境词频会对当地跨国企业研发投入起到正向促进作用。当地政府工作报告中关于环境的词汇出现的次数越多，表明当地政府在本年度对环境的关注度越高，跨国企业感受到的外部环境制度压力越大。在这样的政策背景下，跨国企业为了规避风险往往会选择加大研发投入，因此环境词频会对当地跨国企业研发投入起正向促进作用。在加入了出口额、总资产、销售收入、销售成本、总税费为控制变量的基础上，以及在进一步控制个体、时间、国家和行业的固定效应之后，结果依旧是正向显著且稳健的。此外，我们引入国家层面绿色知识水平作为调节变量，在此基础上研究了环境词频对跨国企业研发投入的影响。结果表明，地方政府绿色关注度对于母国国家绿色知识水平高的跨国企业研发投入的促进效应偏弱。这是由于母国国家绿色知识水平高的跨国企业能够从母国那里获得技术上的支持，在面对外部环境制度压力时不会快速增加研发上的投入。与之相对，地方政府绿色关注度对跨国企业污染外包并不会产生显著影响。因为地方政府绿色关注度表明了政府希望跨国企业注重环境治理的这一态度，在这种情况下，跨国企业往往会选择加大研发而非进行污染外包。

为保证基准回归结果的稳健性，我们又通过一系列方式对该结果进行了稳健性检验。为了解决遗漏变量问题，我们选择替换核心解释变量，将地级市政府工作报告中的环境词频变为地级市政府工作报告中的环境词频占比。为了解决模型设定所造成的误差，我们将模型进行了更换，跨国企业研发投入数据中存在大量的 0 值，因此采用 Tobit 模型对其进行估计。为了解决反向因果问题造成的误差，我们选择添加更多的控制变量。由于控制变量中缺乏行业层面的控制变量，我们添加了行业交互年份的固定效应。稳健性检验的结果表明，无论是否引入国家层面绿色知识水平作为调节变量，基准回归的结果依旧稳健。

随后我们进一步采用距离北京的远近与城市税收交互构建具有年份趋势的工具变量，并对其进行检验。结果表明，即使在用工具变量检验后，核心结果依旧是正向且显著的，即使在引入国家层面绿色知识水平作为调节变量后，结果依旧显著。

我们还从跨国企业的企业性质、行业性质、城市区域以及出口行为四个方面出发，分别分析了独资和非独资跨国企业、服务业跨国企业、城市区域异质性以及跨国企业出口行为对于结果的异质性影响。首先，我们分析了独资跨国企业的异质性。结果表明，相较于非独资跨国企业，地方政府绿色关注度对独资跨国企业研发投入的促进效应更强。这主要是因为在面对外部环境制度压力时，非独资跨国企业拥有更多的当地社会资源，因此受到政策的影响较小。在引入国家层面绿色知识水平作为调节变量后，地方政府绿色关注度对独资跨国企业研发投入的促进效应偏弱，这主要是由于独资跨国企业受到母国的影响较大。其次，我们分析了服务业跨国企业的异质性，发现地方政府绿色关注度对非服务业跨国企业研发投入的促进效应较强，在引入国家层面绿色知识水平作为调节变量后地方政府绿色关注度对非服务业跨国企业研发投入的促进效应为负。为了减少城市区位异质性的影响，我们将样本分为东部地区和非东部地区两部分。结果表明，地方政府绿色关注度对东部地区跨国企业研发投入起到正向激励作用，但是在引入国家层面绿色知识水平作为调节变量后，东部地区跨国企业研发投入被抑制。最后，我们发现地方政府绿色关注度提高对出口型跨国企业研发投入起到正向激励作用；但是，在引入调节变量后，该影响变为负向。同时当跨国企业母国为高收入国家时，地方政府绿色关注度的提高会对跨国企业研发投入起到促进作用。

6 绿色法律制度压力
与跨国企业双元重构

近年来，经济发展与环境保护之间的平衡已成为全球优先考虑的问题，经济难以在不顾及环境的情况下持续发展（Nilashi et al., 2019）。这个问题在中国这个世界上最大的新兴市场和第二大经济体尤为重要。作为全球最大的发展中国家之一，中国在全球经济中起着举足轻重的作用。与其他发展中国家一样，中国曾经在谋求经济发展的过程中对环境问题的关注不够（Li et al., 2016）。在改革开放初期，中国工业基础薄弱且生产技术水平较低，因此当时的出口主要以污染密集型产品为主。同时，中国对化石能源的需求较大，化石能源的使用会产生大量的污染气体并对环境造成污染，并影响人民群众的身体健康及生活水平（Mukherjee et al., 2017）。

虽然粗放型的经济增长模式对中国经济的发展和人民群众生活水平的提高作出了贡献，但不可否认的是也带来了水土流失、雾霾天气增多、水体污染等诸多环境问题。近年来，经济发展与环境保护之间的平衡已成为全球优先考虑的问题，经济难以在不顾及环境的情况下持续发展（Nilashi et al., 2019），可持续发展也越来越受到人们的关注。近年来，全球经济增长速度明显放缓。经济结构和生产方式的转变成为改革的主要手段，如将产业结构向低污染、高价值的产业转变，从而促进经济实现绿色、可持续发展（Yoder et al., 2019）。此外，中国加大了环境规制的力度，使得中国的环境保护法律法规日趋完善。

自 1973 年中国制定第一个环境保护方面的规范性文件以来，中国环境规制的发展进入了一条快速发展的道路。在此基础上，一方面，中国积极参加联合国环境保护活动，逐渐在全球范围内提出了一套关于环境治理的"中国方案"；另一方面，中国摸索出一条具有中国特色的环境保护道路，积极推进环境立法、执法、司法和社会公众参与，为中国环境规制的发展与完善作出了贡献，同时也为可持续发展理论的提出打下了坚实的基础（吕忠梅 等，2019）。1973 年 8 月，中国召开了第一次全国环境保护会议并审议通过《关于保护和改善环境的若干规定（试行草案）》。1974 年，国家建设委员会环境保护办公室成立并基于《关于保护和改善环境的若干规定（试行草案）》制定出一系列关于环境保护的方针、政策以及规定，因此《关于保护和改善环境的若干规定（试行草案）》成为中国环境保护立法的雏形。1979 年，第五届全国人大十一次会议通过了《中华人民共和国环境保护法（试行）》，并以此为起点，中国开始逐步建立起较为完备的环境保护立法体系以及环境管理体制机制，并于 1989 年颁布了《中华人民共和国环境保护法》。该法是新中国成立后第一部正式的环境方面的立法，它的出台对于中国的环境改善和环境保护工作具有积极的作用。2014 年 4 月，第十二届全国人大八次会议审议通过了《中华人民共和国环境保护法》修订案，对旧《环境保护法》进行了全面修订并明确了其在环境立法体系中的基础性地位（吕忠梅 等，2019）。新《环境保护法》力求将经济社会发展与环境保护相协调，并首次对中国生态文明建设提出明确的要求。此外，它增强了公众的环保意识，加大了对环境违法行为的处罚力度，还赋予地方政府和执法部门更大的责任来保护中国的环境。这部新《环境保护法》被认为是中国"史上最严"的环保法，并于 2015 年 1 月 1 日实施。它是全球环境立法的代表，尤其是在新兴市场。相较于其他行业的跨国企业，污染密集型行业的跨国企业受新《环境保护法》的影响更大。尽管如此，旧《环境保护法》中存在的诸多问题仍未得到充分的处理与解决。只有解决了这些问题并在执法和实施方面加大力度，中国才能实现可持续发展。

随着中国环境法律体系的发展与完善，越来越多的学者们担心环境法会对中国经济发展造成负向影响，因此部分学者开始研究环境法与经济发展之间的关系。鉴于目前大多数环境法是典型的自上而下监管，即中央政府设定环境法总体的范围与细节，而地方政府则负责具体的法律实施。因此，环境法的执行及其有效性取决于当地政府执法的决心与努力，因此良好的监管结果往往需要对环境法有效的执行。

在中国，环境法的原则和精神在宪法中有所体现，并在刑法中有相关条款作为支撑，它们共同构成了中国环境保护的法律体系。也就是说，当一家跨国企业或个人涉嫌违反环境法时，环境监管机构会对其行为进行调查，如果机构认为其可能存在违法行为，就会将潜在案件交由警方。然而由于规范不够明确且对违法者定罪的门槛较高，中国的环境法仍旧存在不足之处（Faure et al., 2011）。

以往的研究主要聚焦于不同类型的环境规制，鲜有关于可持续发展立法的研究。新《环境保护法》的颁布，这从国家层面的法律保证了中国的可持续发展目标不再是一句简单的口号，而是变得有法可依。在这一基础上，新《环境保护法》，这一国家层面的环境法律会对跨国企业双元重构产生什么样的影响？这种影响是否会影响跨国企业自身绿色知识水平？由于数据的缺失和时间的限制（新《环境保护法》于 2015 年开始实施），目前学者们对新《环境保护法》的研究十分有限。虽然已有较多的研究分析了环境规制、环保约谈、绿色信贷等一系列政策对跨国企业的影响，但是新《环境保护法》作为中国目前最重要且最基本的关于环境保护的法律，它的颁布和实施对跨国企业绿色创新和跨国企业绿色升级都具有显著的影响。因此，研究新《环境保护法》对跨国企业的影响是对了解环境制度压力如何影响跨国企业的重要补充，也能够为中国制定更为高效的环境法律法规和政策提供数据支撑。

鉴于新《环境保护法》为确定国家层面的环境法律与跨国企业双元重构之间的因果关系提供了独特的准自然实验环境，本章试图从市场层面分析新《环境保护法》对跨国企业污染外包以及跨国企业自身绿色知识水平的影响。鉴于前两章分别分析了绿色金融制度压力对跨国企业污染外包和绿色创新的影响，以及地方政府绿色制度压力对跨国企业污染外包和研发投入的影响，在本章的研究中，我们基于组织双元性理论，对比研究了新《环境保护法》对跨国企业污染外包和绿色知识水平的影响及其差异。本章主要利用外资企业数据库以及海关数据，对比分析新《环境保护法》对不同行业跨国企业污染外包的影响机理。其中，进口量的指标主要通过行业二氧化硫污染量含量来表示。而跨国企业绿色知识水平则主要由跨国企业母国所拥有的绿色专利数指代。

图 6-1 为本章的主要内容研究框架。可以看出，本章主要关注绿色法律制度压力（新《环境保护法》）对跨国企业双元重构的影响。其中，跨国企业双元重构分为逃离和创新两方面，其表现形式分别为污染外包和绿色专利数。

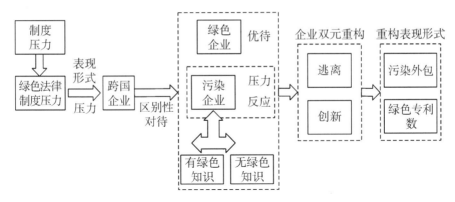

图 6-1　本章的主要研究内容框架

本章余下部分结构安排如下：6.1 对现有相关文献进行梳理，为本章提供研究依据；6.2 对制度背景、理论与研究假设进行阐述；6.3 说明数据来源、核心变量的构造和处理方法以及模型的构建；6.4 进行实证分析，并对研究结果进行一系列稳健性检验，然后通过异质性分析开展更加细致的讨论；6.5 为本章小结。

6.1　研究背景

6.1.1　中国环境法

虽然中国对环境问题的关注可以追溯到 2 000 多年前，但直到 1972 年在瑞典斯德哥尔摩召开联合国人类环境会议之后，现代环境管理才被提上中国政府的议事日程。50 多年来，中国环境管理的发展主要可以分为三个阶段：第一阶段是从 1972 年到 1991 年，这一阶段关注的重点是末端污染治理。第二阶段是从 1992 年到 2001 年，这一阶段的目标主要是污染预防。第三阶段是从 2002 年开始至今，这一阶段主要朝着生态和经济问题的整合迈进。

在第一阶段，经济发展优先于环境保护。在这个阶段，环境管理的重点是控制工业污染，即鼓励跨国企业在污染控制和环境保护方面制定规范并采取主动措施。根据这一阶段的治理模式，环境机构选择了自上而下的管理方法，其他（非国家）利益相关者或地方当局很少参与到环境保护中。研究表明，自 20 世纪 70 年代以来，中国政府制定并实施了一系列环境保护的法律法规、方针、政策、规则措施和标准。在这一阶段政府制定了八项环境管理方案，其中"三同步"（3Ss）、环境影响评估（环评）和排污费被认定为三大主要环境管理计划而被广泛实施。目前，几乎所有县市都实行了征收排污税制度，约有 50 万家工厂被征收排污税，但这些工厂在中国污染工厂总数中的占比仍然很低。虽然排污征税制度存在某些缺陷，但它仍然是迄今为止发展中国家最大的基于市场的监管工具的应用（夏光 等，2005）。除此之外，行政方法在中国的环境管理中也发挥了重要作用。然而这种方法的副作用很明显，如部分政府缺乏战略规划能力、政策制定和实施，缺乏整合、成本高、政府很少关注弥散（非点源）污染，大量的实施和监督失败等（McElwee，2010）。

在第二阶段，一些新的问题被添加到环境议程中，中国政府也逐渐改变了政策和决策过程的风格。在此阶段，政府不仅要着眼于对即有污染的治理，还要对潜在的污染进行预防。同时，公众不再是旁观者，而是更多地关注并参与到环境的改善、污染的治理以及生物多样性的保护中。整体而言，在第二阶段中国政府采用了更开放的环境管理方式来应对环境污染问题。其中，以追根溯源为导向的污染预防和排放总量控制促使了新方法的引入，如财政激励、环境责任和排放交易等（Florig et al.，1994）。而在中国加入 WTO 后，国际市场对绿色产品的需求也促使中国跨国企业通过更高水平的 ISO14000 认证，并对清洁生产、生态标志体系（中国环境标志计划和中国节能标志）与产业生态倡议进行了革新。

在第三阶段，政府通过提高环境问题与国家优先事项的相关性，鼓励将环境和经济目标结合起来。2002 年，中国第一部循环经济立法《中华人民共和国清洁生产促进法》（以下简称《清洁生产促进法》）的颁布标志着污染治理模式从末端治理向全过程控制转变。2008 年原国家环境保护总局改组为中华人民共和国环境保护部，标志着中国政府系统环境治理赋权取得了重大进展（Qiu et al.，2009）。在这一阶段，中国政府对于环境问题的治理从严格的环境污染控制扩大到促进地方和国家层面的可持续发展，使得环境管理的方式逐渐变得更加开放、更加灵活、更加分散、更加透明，并使更多的公众参与。由于参与环境治理的行为者种类繁多，政府开发了各种环境管理工具并应用于不同层次（Mol et al.，2006）。此外，中国各级政府越来越多地尝试使用基于市场的环境管理工具来推动经济向可持续发展模式过渡，2007 年以来，中国陆续出台了一系列环境经济政策，其中生态补偿试点项目涉及矿产修复、城市可持续发展、水功能区划和流域环境保护、自然保护区等，各部门针对具体项目设立专项资金。除此之外，中国政府采取的其他环境经济手段包括绿色信贷、绿色保险、绿色贸易和绿色税收等。这些经济激励措施均已实施并在"十二五"规划中进一步推广。然而，随着环境经济政策的进一步应用，政府也面临着一系列新的问题，其中包括环境规制实施的法律依据、技术指南、利益相关者的共识、区域分散、监测和信息公开不足等（Tao et al.，2009）。

整体而言，环境规制除了被定义为政府环境政策的工具外，同样也会被视为生态创新的重要推动力（Frondel et al.，2007）。Wang 等（2016）认为环境规制是解决环境问题的一种传统工具，广义的环境规制必须是一个综合体系，由法律法规、行业标准、建议、监督、处罚、奖励、环保广告、教育等手段组成。各种主体从环境问题的各个方面提供反馈。

一般来说，除了政府颁布的强制性法律法规外，一些来自社会规范和自我环保意识的非强制性规定也在环境治理和保护方面发挥着重要作用。目前总共有三种类型的环境规制，分别是命令控制型环境规制（command-and-control regulation，CCR）、市场激励型环境规制（market-based incentive regulation，MIR）以及被动类环境规制（reluctant regulations）（Zhang et al.，2019）。

命令控制型环境规制是指通过管理生产过程、材料使用或其他涉及环境的跨国企业活动在特定时间或特定区域来限制污染排放的强制性环境规制。该方法由政府来确定污染物排放的标准或者上限。若跨国企业一旦对环境进行过度污染，就会受到政府的处罚。典型的 CCR 工具包括制定排放标准、制定排污许可证、污染物排放配额分配以及限制排放等（Pan et al.，2019）。目前，中国政府已经制定了许多关于环境治理与保护类的法律法规和行政命令，以确保跨国企业能够减少污染物的排放，遵守环境保护的规则。例如，中国先后颁布了《清洁生产促进法》（2003 年 1 月 1 日起施行）和《中华人民共和国循环经济促进法》（2009 年 1 月 1 日起施行）。命令控制型环境规制仍然是监管工业生产和国际贸易中存在的环境问题的最主流的方式。

市场激励型环境规制是一种政府环境管理工具，通过市场信号激励跨国企业减少污染排放（Cheng et al.，2018）。更具体地说，政府可以建立市场（排放交易）或利用现有市场（排污费和环境税）来协调跨国企业的环境相关行为（Tang et al., 2018）。最主流的基于市场调控的环境规制形式主要包括污染税、污染控制补贴以及污染许可证交易等形式。这些规制形式往往不会对工业跨国企业的环境保护实践等产生强制性的影响，但是它们往往能够直接影响跨国企业的成本和收益。目前的研究表明，相较于政府的强制命令与法律法规，基于市场的调控方式（如污染许可证交易以及排污税等）往往更高效。因此在加入 WTO 后，中国政府实施了更为严格的以市场为基础的环境规制，以满足国际贸易的绿色需求。

被动类环境规制往往来自客户、竞争对手和供应商等商业利益相关者，而不是政府。而在前两种环境规制中，政府是环境规制的制定和决策者。即使在碳交易市场等市场化规制中，政府也参与了碳配额分配和碳交易监管。然而，在被动类环境规制中，政府并不参与或只是作为合作方参与。因此在被动类环境规制中相关的协议、承诺和计划并不具有法律约束力。通常，被动类环境规制主要包括环境认证、环境审计、生态标签和环境协议等。目前在国际贸易过程中，已经有许多关于清洁生产和绿色制造的环境协议。例如，1993 年 3 月 31 日，国家环保局发布《关于在我国开展环境标志工作的通知》，标志着中国环境标志计划的正式启动；1996 年，中国开始推广 ISO14000 系列标准；2003 年 1 月 1 日，清洁生产和全过程控制开始实行。被动类环境规制与基于市场的环境规制的另一个不同之处在于，被动类环境规制存在不同的来源，尤其是在中国。首先，中国在国际贸易中一直受到绿色贸易壁垒的困扰。ISO14000 等国际标准要求中国接受更加严格的环境规制。此外，供应商或客户的环保要求规定了生产商的环保生产协议。Zhu 等（2007）指出，来自供应链的环保要求在国际贸易中更为普遍。中国制造商正在获得越来越多的绿色认证，以满足外国客户更加严格的环境规制（Zhu et al., 2006）。

6.1.2　中国环境规制对跨国企业绿色创新的影响

目前关于环境规制与跨国企业绿色创新之间的关系尚存在部分争议（Cheng et al., 2018），主要存在以下四种观点：

第一种观点认为，环境规制促进了跨国企业绿色创新。因为绿色创新产生的收益可以部分或全部覆盖跨国企业的合规成本，同时提高环境质量和经济绩效（Kneller et al.，2012；Yabar et al.，2013）。Porter 和 Linde（1995）首先发现环境规制与跨国企业绿色创新之间的正向关系。然而环境规制促进跨国企业绿色创新的前提是政府环境规制强度和经济发展水平能够实现平衡。Jia 和 Zhang（2016）的研究进一步表明，污染治理带来的压力才是跨国企业进行绿色创新的主要原因。

第二种观点认为，环境规制抑制了跨国企业绿色创新（Wagner，2007）。有学者认为环境规制会增加跨国企业成本，导致研发投入减少，进而抑制技术创新。此外，环境规制的强度往往与跨国企业进行绿色创新的意愿呈反比。因此，Wagner（2007）认为，政府对环境规制执行的标准水平在一定程度上阻碍了绿色创新。

第三种观点认为，环境规制与绿色创新之间存在"U"形（倒"U"形）关系，即环境规制的力度存在一个"拐点"，若越过了拐点，那么环境规制会对跨国企业绿色创新起到促进（抑制）作用。

第四种观点认为，环境规制对绿色创新的作用是不确定的。总的来说，环境规制在绿色创新中的作用不能简单地用促进或抑制来概括。环境规制对绿色创新的影响会因行业、时期、区域的不同而有所差异（Frondel et al.，2007）。

目前总共存在着三种类型的环境规制，分别为命令控制型环境规制、市场激励型环境规制以及被动类环境规制。通过回顾中国在环境管理方面所做的努力可知，中国的环境规制相对单一，主要以命令控制型环境规制为主。然而，部分学者指出，命令控制型环境规制对经济的积极影响不如市场激励型环境规制，有时甚至会对经济发展产生不利影响（Yang et al.，2017）。尽管如此，命令控制型环境规制仍是现阶段最适合中国国情的环境规制类型。

部分学者从环境角度研究了命令控制型环境规制的影响，也有部分学者从经济的角度分析了这种环境规制类型对跨国企业的影响。结果表明，虽然命令控制型环境规制在改善环境方面发挥了积极作用，但其不可避免地会影响跨国企业在生产过程中的资源重新配置、资金投入和技术创新（Albrizio et al.，2017）。Shi 和 Xu（2018）研究了"十一五"期间命令控制型环境规制对中国跨国企业出口的影响。结果表明，环境规制越严格，污染密集型跨国企业出口量就越少。

在过去几十年间，中国的经济得到了飞速发展，但粗放型的经济增长模式也导致了较严重的污染问题。现阶段，随着人民生活水平的提高，中国政府认识到"绿色可持续发展"的重要性，出台了一系列环境法律法规来限制污染的排放。虽然现有研究表明，环境法律法规的出台能够帮助跨国企业减少污染排放（沈洪涛 等，2017），增强政府环境治理效果，但跨国企业这种被动面对环境规制的特点并不利于其构建持续的竞争优势（Buysse et al.，2003）。为了在环境规制不变的情况下提升跨国企业的可持续竞争优势，绿色创新就成为跨国企业获得竞争优势的重要途径（Li et al.，2017）。

由于本章主要关注新《环境保护法》的颁布对跨国企业污染外包和绿色知识水平的影响，而新《环境保护法》主要属于命令控制型环境规制，因此，本部分文献主要回顾了命令控制型环境规制对于跨国企业污染外包和绿色创新的影响。

一些学者研究了中国命令控制型环境规制对跨国企业绿色创新的影响。Tang 等（2020）研究了中国命令控制型环境规制对跨国企业绿色创新影响。结果表明，命令控制型环境规制会减少跨国企业现金流，在短期内对跨国企业绿色创新效率存在负向影响。更具体地说，环境规制对小型跨国企业、国有跨国企业和中国西部和东部地区的跨国企业会产生不利影响。这说明命令控制型环境规制能够对跨国企业的异质性产生显著影响，即命令控制型环境规制可以促使跨国企业进行绿色创新，并对末端技术创新、清洁工艺创新和绿色产品创新产生不同的积极影响。此外，命令控制型环境规制对跨国企业的绿色产品创新和绿色工艺创新具有显著的激励作用（Hu et al.，2018）。Li 等（2019）则发现，环境规制与技术创新之间存在明显的空间关联性。中国命令控制型环境规制对东部地区跨国企业绿色创新具有显著的不利影响，而对西部地区跨国企业绿色创新的影响是正向的。

中国自 2015 年开始实施了新《环境保护法》。新《环境保护法》作为中国环境规制中的重要组成部分，受到人们的广泛关注。相较于旧《环境保护法》，新《环境保护法》对环境污染的监管与执法更加严格，显著提高了污染密集型跨国企业的违法成本（刘媛媛 等，2021）。此外，新《环境保护法》强化了不同经济主体的环境保护意识并明确了相应的法律责任。整体而言，新《环境保护法》的改进主要体现在以下三个方面：①新《环境保护法》加大了对违法跨国企业和当地政府的惩处力度，极大提升了跨国企业的违法成本，并将环境绩效作为评价指标纳入对政府官员的考核。②新《环境保护法》通过对跨国企业环境保护行为给予政策优惠，激发了跨国企业对环境治理与环境保护的积极性。③新《环境保护法》更加注重信息公开和公众参与，强调群众举报和舆论监督在环境保护中的重要性，进而形成强有力的环境治理监督机制（刘媛媛 等，2021）。

然而由于数据的可得性以及政策实施的时间限制，学者们对中国新《环境保护法》与跨国企业之间的关系的研究较少。刘媛媛等（2021）研究了新《环境保护法》与跨国企业环保投资的关系。结果表明，新《环境保护法》的实施提升了跨国企业环保投资水平，尤其是在新《环境保护法》实施较为严格的地区，污染密集型跨国企业环保投资水平显著提升。崔广慧和姜英兵（2019）基于新《环境保护法》分析了环境规制对跨国企业环境治理行为的影响，结果表明新《环境保护法》的实施对跨国企业环保投资的影响并不显著，与之相对，在其实施初期反而会对跨国企业的生产规模产生负向影响。这主要是由于新《环境保护法》会造成跨国企业环境治理压力过大，同时跨国企业得到的资源支持不足。此外，该结论并未因为跨国企业的经营绩效好坏而存在差异。

6.1.3 环境规制对跨国企业污染外包的影响

解决生产活动对环境的影响正成为跨国企业应对消费者、政策制定者和广大利益相关者日益增加的绿色制度压力的优先事项。其中，政策压力以及在较小程度上利益相关者的压力是减少工业环境影响的最重要驱动力（Testa et al.，2012），这种压力可能会促使跨国企业实施绿色行为并减少其生产和分销活动对环境的负向影响，污染外包就是其中之一。

"污染天堂假说"能够从宏观经济层面完美诠释跨国企业污染外包。"污染天堂假说"认为跨国企业会将污染密集型的生产外包至环境制度压力较为宽松的国家（Cole et al.，2014）。对于跨国企业来说，相较于进行直接对外投资，污染外包是一种在短期内更灵活、成本更低的国际化方式（Kotabe et al.，2009）。尽管如此，环境规制的制定者和利益相关者对于可持续发展施加的环境规制压力越来越大。

关于"污染天堂假说"的部分研究表明，这种日益增加的环境规制压力会影响跨国企业的战略决策以及双元重构，因为这种压力会影响跨国企业全球化中面对的成本（Levinson et al.，2008）。"污染天堂假说"的基本假设是，当一家跨国企业在母国国内面临越来越大的环境规制压力时，相较于降低其现有设施的污染水平，它将更愿意通过FDI或污染外包的方式将自身污染性最严重的活动转移到环境规制不那么严格的国家或地区。这种行为在污染密集型行业中更常见，污染密集型行业的跨国企业为遵守环境规制而采取的减排措施的成本可能高于其搬迁成本（Cole et al.，2014）。

也有部分研究表明，跨国企业可能会将其自身更高的环境标准带到环境要求较低的国家（Jeppesen et al.，2004），而不是利用当地较宽松的制度，尤其是当它们想在市场上树立其产品的可持续性的优势时。这一点对于那些希望避免承担供应商或外国子公司环境绩效不佳相关的声誉风险的品牌公司来说也是如此（Nadvi，2008）。

6.2　制度背景、理论与研究假设

6.2.1　制度背景

改革开放以来，中国经济飞速发展并逐步发展为世界第二大经济体，但环境却遭到了污染与破坏。21世纪以来，中国GDP每年呈现较快增长，然而制造业在其中占据了极大比重。中国工业废物、工业废气和工业废水的排放量也呈显著的上升趋势。

早在1989年，中国政府就颁布了《中华人民共和国环境保护法》。作为新中国成立后第一部正式的关于环境方面的法律，旧《环境保护法》的出现弥补了中国环境方面正规法律的空白，对中国环境的改善以及环境保护方面具有积极意义。在旧《环境保护法》颁布后，中国在环境保护方面取得了举世瞩目的成就。尽管如此，由于在执行环境规制方面存在的体制缺陷，旧《环境保护法》在实施效率等方面仍旧存在些许不足。因此，2006年11月9日，经济合作与发展组织（OECD）对中国的环境绩效进行了评估和审查，该评估报告建议中国在现有法律的基础上制定和实施现代环境保护法律。2015年1月1日，新《环境保护法》正式生效。

新《环境保护法》被认为是中国迄今为止"史上最严"的环保法。新《环境保护法》强调了"公众参与"和"损害责任"的原则并在以下三个领域进行了改革（Zhang et al.，2015）：第一，扩大了环境公益诉讼的原告主体。第二，增加了政府机构（官员）的问责制。第三，大大增加了污染者的责任。相较于旧《环境保护法》，新《环境保护法》加大了对污染密集型跨国企业的污染处罚力度，且对于跨国企业的环境违法行为可以通过行政拘留等方式对个人（如跨国企业 CEO）进行处罚，增强了对污染密集型跨国企业的震慑作用。同时，新《环境保护法》更加突出地方政府的环保责任，防止地方政府"偷工减料"。

6.2.2　相关理论简述

6.2.2.1　制度理论

制度理论已成为当今组织科学中最有影响力的方法之一。它的主要贡献是通过指出诸如规则、规范、习以为常的假设或文化信仰体系等高阶原则的相关性来解释行为者的某些核心特征和行为或实践的出现和传播（DiMaggio et al.，1983；Scott，1995）。通过对行为者与其环境之间关系的独特见解，制度理论通过强调合法性作为组织行为和生存的重要因素，将理性和效率作为解释变量纳入研究视角。

制度理论认为，人和群体的信念、目标和行为受到各种环境制度的强烈影响（North，1990）。Scott（1987）将制度定义为规制（法律和规则）、规范（社会工具和文化）和认知（社会知识和感知）。制度可以被分为正式制度和非正式制度，正式制度包括法律法规和环境影响评价制度，而非正式制度包括部分政治行为，如腐败等（Peng，2003）。正式制度和非正式制度的整体状况能够影响市场需求和跨国企业面临的外部环境变化。因此，制度理论认为跨国企业是由母国和东道国的制度环境塑造的。

在制度理论的整个发展过程中，制度以许多不同的方式被概念化。一些人认为，制度是人类行为或社会适当行为的指南。也有人认为，制度是客观的、限制个人行为的机制。此外，制度也被概念化为减少不确定性和增加政治舞台合作的方式。由此可见，制度被视为一种社会博弈规则，其范围包括从文化和心理模式到立法，从社会规范到政治结构。这些不同的概念化和基础被概括为代表或支持制度的三个支柱：规制、规范和文化认知（Scott，2005）。

在商业和管理研究中，基于制度理论的视角侧重于制度和组织之间的动态互动，并将其战略选择视为结果（Peng，2003；Peng et al.，2008）。基于制度的观点表明，当跨国企业面临满足社会期望的压力时，法律法规等正式制度会减少跨国企业的异质行为并塑造跨国企业社会行为（Nair et al.，2019）。从制度理论的角度来看，跨国企业行为和责任也因所处国家而异，因为它已被不同的制度框架背景化（Matten et al.，2008）。Peng 等（2008）认为，制度直接决定了跨国企业的竞争优势，影响了跨国企业的绩效水平。这是因为三大支柱因素——行业竞争、跨国企业特定的资源和能力以及制度条件——使跨国企业能够制定和实施战略，以创造最终影响跨国企业财务绩效的竞争优势。

整体而言，跨国企业所处的外部制度环境限制了跨国企业的经营范围并影响其战略反应，而跨国企业的战略和行为与制度的期望相结合的过程被定义为制度同构。制度同构发生的两个关键机制是监管压力和模仿压力。跨国企业通过满足不同类型的制度压力获得制度合法性。监管同构来自强大的利益相关者，如政府和行业协会，它们有权要求公司遵守各种法律法规。模仿同构主要是指跨国企业在寻求行业内合法性时模仿同行的做法和行为。随着制度压力的增加，跨国企业在寻求合法性方面也变得越来越相似。

在环境研究中，部分研究将制度理论应用于环境规制。此外，环境研究还揭示了制度的突出作用，因为制度与环境问题共存并影响环境问题的结果（Matten et al.，2008）。从生态经济学的角度看，制度条件决定了集体行动和环境资源配置能否实现可持续增长。因此，制度对于环境资源的设计原则也很重要（Paavola，2007）。

6.2.2.2　组织双元性理论

20 世纪 70 年代，学者们发现随着外部环境的不断变化，跨国企业往往会陷入一种摇摆不定的困境中，一部分跨国企业认为应该基于其现有的能力进行开发性创新，而另一部分则认为需要构建全新的能力进行探索性创新（凌鸿 等，2010）。为了解决开发性创新与探索性创新之间存在的矛盾冲突，Duncan（1976）认为跨国企业应该同时具备这两种能力，并将具有这两种能力的组织称为双元性组织。

随着组织双元性理论对跨国企业战略管理、技术创新等方面逐渐渗透，该理论的内涵也随之发生了改变。现阶段，最常见的双元性视角总共有五种：①结构视角；②行为视角；③矛盾思维视角；④能力视角；⑤组织间关系视角。在上述的五种视角中，前四种主要关注跨国企业内部以及个人层面，而第五种则主要聚焦于不同跨国企业之间的视角。组织双元性理论之所以能够存在如此多的差异化表述，主要是由于跨国企业的内部和外部矛盾的普遍性和多样性（凌鸿 等，2010）。

6.2.2.3 污染天堂假说

"污染天堂假说"认为，发达国家与发展中国家之间，环境规制的差异可能会加剧发达国家制造业的普遍转变，并导致发展中国家专注于污染最密集的制造业部门。在发达国家，环境规制的成本会随着时间的推移而逐渐增加，而在大多数发展中国家，这一成本要低得多，因此发展中国家在污染密集型生产方面拥有比较优势（Cole et al.，2014）。

虽然环境规制影响跨国企业工业竞争力这一说法看似合理，但是"污染天堂假说"的合理性仍旧存在部分争议。例如，Jaffe 等（1995）没有发现直接的证据证明一个国家环境规制的严格性能够影响污染类商品的贸易。这些研究都表明，"污染天堂假说"的合理性仍旧存在一定的争议。

6.2.2.4 波特假说

"波特假说"的核心思想为：正确实施环境规制有利于提高跨国企业的业务绩效（Porter，1991）。"波特假说"认为，精心设计的环境规制可以刺激跨国企业创新，从而降低其遵守环境规制的成本，进而增强了跨国企业的竞争优势，因此跨国企业会更有动力去进行创新（Porter et al.，1995）。这一观点也得到了许多学者的认可（Testa et al.，2011；Rassier et al.，2015）。此外，Porter 和 Linde（1995）还解释了环境规制与跨国企业财务业绩之间的联系，即环境规制与跨国企业创新呈正相关关系。这表明公司竞争优势的潜在来源是外部环境，因为它们可以通过刺激跨国企业创新来提高跨国企业运营效率和生产力，最终有利于提高跨国企业财务绩效（Ambec et al.，2020）。

考虑到这些结果，一些研究将"波特假说"分解为三个版本："弱波特假说""强波特假说"和"狭义波特假说"（Jaffe et al.，1997）。"弱波特假说"表明，某些类型的环境规制可能会刺激创新。"强波特假说"则认为设计得当的环境规制可能会刺激创新，创新可以补偿合规成本，从而提高跨国企业生产力，这种"创新抵消"效应通常就被称为"强波特假说"。"狭义波特假说"则认为，灵活和基于市场机制的激励型环境规制能够促使跨国企业进行创新，因此它们优于固定形式的命令控制型环境规制（Jaffe et al.，1997）。

6.2.3 研究假设

"波特假说"认为，更为严格的环境规制实际会对受规制跨国企业的竞争力产生较为积极的影响，即在适当而有效的环境规制下，跨国企业愿意进行绿色创新来提升跨国企业的竞争力，进而抵消由环境规制带来的额外成本（Porter et al.，1995）。

新《环境保护法》更加强调地方政府在环境污染治理中的责任，在这种背景下，政府会增强对跨国企业的监督，督促跨国企业减少污染排放。同时，造成严重环境污染的跨国企业也将面临严厉的惩处，甚至可能关停或直接破产。当面临来自政府的更大监管压力和来自非政府组织的规范压力时，跨国企业更有可能从事环境创新活动（Berrone et al.，2013）。因此为了避免受到处罚，在新《环境保护法》颁布后，跨国企业往往选择守法合规，进行各种环境管理实践，通过绿色创新降低能源消耗，遏制环境污染，提升跨国企业竞争力。

从成本的角度看，新《环境保护法》的颁布增加了跨国企业污染排放面临的风险，亦增加了对污染物处理的成本和跨国企业生产成本。另外，政府担责这一机制使得政府需要对其行政区域内的环境质量和环境污染治理负责，从而促使政府加强监督跨国企业。此外，跨国企业面临更为严厉的环境污染处罚。这些都显著增强了跨国企业因环境污染而面临的风险和成本（Song et al.，2019）。

此外，为了符合环境规制的标准，原有的生产方式将被迫改变，使得跨国企业生产力下降。它还增加了跨国企业的生产成本，因为跨国企业不得不花更多时间与政府部门打交道。另外，严格的环境规制会增加跨国企业的合规成本，包括购买排放控制装置和末端污染处理设备等。因此，随着环境规制日趋严格，污染行业的利润空间会受到挤压，污染行业跨国企业将对选址成本和收益进行综合比较。对于流动性较弱的行业，其他地区宽松的环境规制可能会降低其环境成本，但是由于搬迁成本过高，它们往往并不打算通过搬迁的方式来应对严格的环境规制。因此这些跨国企业往往会选择以进口代替生产的方式转移自身所面临的严格的环境规制。因此，对于污染密集型跨国企业来说，新《环境保护法》的颁布能够促使它们选择以进口替代生产，从而降低环境保护法带来的额外成本。因此，本章提出以下假设：

假设 1：新《环境保护法》的颁布能够促进跨国企业进口污染物含量较高的产品以满足规制要求。

此外，新《环境保护法》作为中国"史上最严"的环境相关的国家层面立法，其带给跨国企业的制度压力也显著强于其他环境规制。同时，由于新《环境保护法》的实施与地方政府部门官员的政绩挂钩，相较于其他环境规制来讲，地方政府关于新《环境保护法》的实施力度和惩罚措施也更严格；而对于跨国企业来说，其受到的制度压力也更大。在这种整体制度背景下，仅靠污染外包已经不能够解决跨国企业所面临的根本性困境，而若是想要从源头解决问题，跨国企业唯有增强研发投入并提升自身绿色水平，才能够从根源上应对愈发增大的环境制度压力带来的合规成本的不断上升。因此我们提出以下假设：

假设 2：新《环境保护法》的颁布对跨国企业绿色创新起到显著的正向促进作用。

6.3 数据和模型设置

6.3.1 数据来源

本章内容研究样本主要利用 2013—2017 年外资企业数据、中国海关进口数据、行业二氧化硫排放数据，数据来源于商务部和海关总署。

6.3.2 核心变量说明

本章所用到的主要变量如表 6-1 所示。

表6-1　主要变量的描述性统计（污染外包）

变量名	中文名	样本量	均值	标准差	最小值	最大值
new_link_id_181 219	跨国企业代号	1 305 209	4 124 629	4 429 530	33	1.4e+07
ln_import_v_it	跨国企业进口额	1 307 253	2.99	5.61	0	23.96
year	年份	1 307 253	2 014.52	1.74	2012	2017
lnasset	总资产	1 307 253	16.40	2.44	9.21	28.21
lntax	总税费	1 304 675	10.61	5.48	0	25.89
lnexpor	总出口额	1 281 015	1.58	2.89	0	25.59
income_assets	总资产收入率	1 305 375	1.87	114.81	0	49 944.43
liablility_assets	资产负债率	1 307 253	1.38	77.90	0	44 238.83
lnimport_hg	海关统计进口额	1 307 253	1.09	2.46	0	25.49
ind2	行业代码	1 243 586	43.81	19.49	1	95
country	国别代码	1 289 995	177.31	60.84	1	231

被解释变量更换为绿色专利之后，新的描述性统计如表6-2所示。

表6-2　主要变量的描述性统计（绿色专利）

变量名	中文名	样本量	均值	标准差	最小值	最大值
new_link_id_181 219	跨国企业代号	1 305 209	4 124 629	4 429 530	33	1.4e+07
ln_green	绿色专利数	1 307 253	0.02	0.16	0	6.49
year	年份	1 307 253	2 014.52	1.74	2012	2017
lnasset	总资产	1 307 253	16.40	2.44	9.21	28.21
lntax	总税费	1 304 675	10.61	5.48	0	25.89
lnexpor	总出口额	1 281 015	1.58	2.89	0	25.59
income_assets	总资产收入率	1 305 375	1.87	114.81	0	49 944.43
liablility_assets	资产负债率	1 307 253	1.38	77.90	0	44 238.83
green_pat_ratio	绿色专利数占比	1 307 253	0.005	0.06	0	1
ind2	行业代码	1 243 586	43.81	19.49	1	95
country	国别代码	1 289 995	177.31	60.84	1	231

6.3.3 模型构建

为系统性分析中国新《环境保护法》对跨国企业双元重构的影响以及对跨国企业自身绿色知识水平的影响，本章基于双重差分模型（Difference-in-Difference，DID），分两个被解释变量进行讨论，第一个是污染外包，第二个是跨国企业绿色专利。

跨国企业污染外包构建模型如下：

$$\ln\_import\_v\_it_{ijt} = \beta_0 + \beta_1\, treat\_post_{ijt} + \gamma treat_{ij} + \alpha post_t + \varepsilon_{ijt} \quad (6-1)$$

其中，i、j、t 分别表示跨国企业、行业以及时间，ε_{ijt} 是随机扰动项。被解释变量为 $\ln\_import\_v\_it$，表示跨国企业的污染外包情况。解释变量为 treat_post，表示行业二氧化硫密度交互年份。目前，跨国企业层面的进出口数据仅到 2016 年，因此，有关环境法对跨国企业外包的影响的研究限定在 2013—2016 年。

跨国企业绿色专利构建模型如下：

$$\ln\_green_{ijt} = \beta_0 + \beta_1\, treat\_post_{ijt} + \gamma treat_{ij} + \alpha post_t + \varepsilon_{ijt} \quad (6-2)$$

其中，i、j、t 分别表示跨国企业、行业以及时间，ε_{ijt} 是随机扰动项。被解释变量为 $\ln\_green$，表示跨国企业绿色知识水平。解释变量为 treat_post，表示行业二氧化硫密度交互年份。除上述指标之外，本章选择了一系列跨国企业经济特征指标作为控制变量，包括总资产（lnasset）、总税费（lntax）、总出口额（lnexpor）、总资产收入率（income_assets）、资产负债率（liablility_assets）。

6.4 实证分析

6.4.1 平行趋势检验

运用双重差分法对新《环境保护法》进行评估的先决条件是需要处理组和控制组的样本在该法实施前具有相同的趋势。为了确保平行趋势检验结果的稳健性，我们借鉴 Ma 等（2021）的检验方法，针对每一年份分别创建一个虚拟变量，即 year_2013、year_2014、year_2015、year_2016，并将其与解释变量进行新的交互，从而对基准回归进行二次评估。若平行趋势的假设成立，则意味着该法实施前的年份所对应的交互项 treat×post 相较于其余年份系数更小且不显著。

依照上述方法对本章的研究内容进行平行趋势检验，结果如表6-3所示。可以看出，新《环境保护法》实施前的年份（2015年之前）所对应的交互项回归系数较小且不显著；而在新《环境保护法》实施后，交互项回归系数显著增大且在1%水平下显著。该结果意味着：第一，新《环境保护法》实施前，跨国企业未对该法做出反应；第二，新《环境保护法》对跨国企业污染外包的影响在该法实施后显著为正，第三，2015年至2016年，treat×post交互项系数显著递增，意味着该法对跨国企业污染外包的影响需要一定的时间来显现。基于以上结论，可以认为平行趋势假设成立。

表6-3 平行趋势检验（污染外包）

项目	ln_import_v_it	
	（1）	（2）
year_2013	0.008	0.007
	(0.007)	(0.006)
year_2014	0.000	0.013
	(0.008)	(0.009)
year_2015	0.026***	0.031***
	(0.009)	(0.010)
year_2016	0.032***	0.030**
	(0.009)	(0.014)
lnasset		0.326***
		(0.034)
income_assets		0.000***
		(0.000)
liablility_assets		0.000
		(0.000)
lntax		0.112***
		(0.010)
lnexpor		0.163***
		(0.015)
_cons	5.146***	−2.009***
	(0.002)	(0.684)
个体效应	是	是
年份效应	是	是

表6-3(续)

项目	ln_import_v_it	
	(1)	(2)
行业效应	是	是
样本量	565 102	543 144
拟合优度	0.878	0.884

注：*、**、***分别表示在10%、5%、1%水平下显著；括号内为稳健标准误。

此外，为了更加直观地检验平行趋势的稳健性，我们分析了2013—2016年的平行趋势（见图6-2）。可以看出，新《环境保护法》实施前（2015年之前），回归系数在0~0.01范围内波动；在实施后，回归系数显著增大至0.025以上，该结果很好地佐证了平行趋势的稳健性。

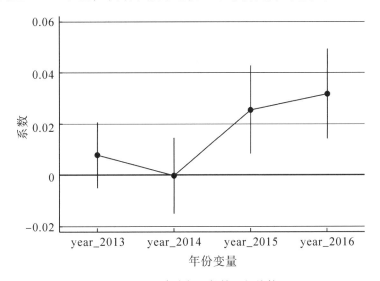

图6-2　污染外包系数的平行趋势

除了检验污染外包的情况外，我们还对跨国企业绿色专利进行了平行趋势验证，表6-4是新《环境保护法》对跨国企业绿色专利的平行趋势验证结果。可以看出，在新《环境保护法》实施前的2013年、2014年回归系数不显著，在新《环境保护法》实施当年（2015年），检验结果仍不显著，在2016年检验结果在5%的水平下正向显著，2017年则在1%的水平下正向显著。这是由于被解释变量绿色专利具有滞后性，会在新《环境保护法》实施之后逐渐开始显著。该结论是符合直觉的，通常而言，跨国企业的研发需要耗费一定的时间。因此，从跨国企业接受政府环境规制到进行绿色技术层面的创新存在一定的时滞效应。对应的趋势图如图 6-3 所示。

表 6-4　平行趋势检验（绿色专利）

项目	ln_green	
	（1）	（2）
year_2013	0.000	0.000
	(0.001)	(0.001)
year_2014	0.000	0.000
	(0.001)	(0.001)
year_2015	0.000	0.000
	(0.001)	(0.001)
year_2016	0.002*	0.002**
	(0.001)	(0.001)
year_2017	0.004***	0.004***
	(0.001)	(0.001)
country		0.000
		(0.000)
income_assets		0.000
		(0.000)
lnasset		0.002***
		(0.000)
lntax		0.001***
		(0.000)
lnexpor		0.001***
		(0.000)
_cons	0.024***	−0.025***
	(0.000)	(0.004)
个体效应	是	是
年份效应	是	是
行业效应	是	是
样本量	680 284	643 520
拟合优度	0.592	0.592

注：*、**、*** 分别表示在 10%、5%、1%水平下显著；括号内为稳健标准误。

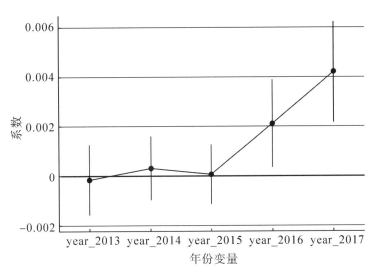

图 6-3　绿色专利数的平行趋势

6.4.2　基准回归

如前所述，我们以本章构建的回归模型为基础，在控制个体、年份、行业固定效应的基础上，逐步添加控制变量，对新《环境保护法》的实施给跨国企业的污染外包和绿色知识带来的影响进行了回归分析。

表 6-5 是新《环境保护法》对跨国企业污染外包的基准回归。由回归结果可知，新《环境保护法》对跨国企业污染外包的回归系数是正向且显著的，即随着新《环境保护法》的实施，跨国企业更倾向于进行污染外包以降低该法带来的冲击。在加入了跨国企业总资产、总资产收入率、资产负债率、总税费和总出口额为控制变量的基础上，以及在进一步控制个体、年份和行业的固定效应之后，结果依旧是正向显著且稳健的，这也进一步说明本章的模型设定是合理的。由此可知，新《环境保护法》的实施会对在华跨国企业的污染生产和污染排放产生极大的冲击，极大提升了跨国企业面临的环境制度压力与合规成本。在这种情况下，跨国企业更倾向于进行污染外包以代替生产。

表 6-5　基准回归（污染外包）

项目	ln_import_v_it			
	（1）	（2）	（3）	（4）
treat_post	0.002***	0.002***	0.002***	0.002***
	（0.000）	（0.000）	（0.000）	（0.000）
lnasset		0.086***	0.210***	0.116***
		（0.003）	（0.008）	（0.008）
income_assets			0.000***	0.000***
			（0.000）	（0.000）
liablility_assets			0.000	0.000
			（0.000）	（0.000）
lntax				0.063***
				（0.002）
lnexpor				0.140***
				（0.003）
_cons	4.261***	2.835***	0.793***	1.303***
	（0.001）	（0.057）	（0.141）	（0.133）
个体效应	是	是	是	是
年份效应	是	是	是	是
行业效应	是	是	是	是
样本量	680 284	677 541	661 309	652 920
拟合优度	0.764	0.765	0.767	0.769

注：*、**、*** 分别表示在 10%、5%、1% 水平下显著；括号内为稳健标准误。

为了更好地研究新《环境保护法》对跨国企业的影响，我们研究了新《环境保护法》对跨国企业绿色知识水平存在何种影响，并对其进行了基准回归，结果如表 6-6 所示。

由回归结果可知，新《环境保护法》对跨国企业绿色知识水平的回归系数是正向且显著的，即新《环境保护法》对跨国企业绿色知识水平呈正向激励作用。在加入了跨国企业总资产、资产负债率、总税费和总出口额为控制变量的基础上，以及在进一步控制个体、年份和行业的固定效应之后，结果依旧是正向显著且稳健的。整体而言，新《环境保护法》的实施会显著提升跨国企业绿色知识水平，因为跨国企业面临的环境规制压力增强，跨国企业不得不提升自身绿色知识水平以增强绿色创新，来降低自身面临的环境规制压力。

表 6-6　基准回归（绿色专利）

项目	ln_green			
	（1）	（2）	（3）	（4）
treat_post	0.000 ***	0.000 ***	0.000 ***	0.000 **
	（0.000）	（0.000）	（0.000）	（0.000）
lnasset		0.001 ***	0.004 ***	0.003 ***
		（0.000）	（0.000）	（0.000）
income_assets			0.000	0.000
			（0.000）	（0.000）
liablility_assets			0.000 *	0.000
			（0.000）	（0.000）
lntax				0.001 ***
				（0.000）
lnexpor				0.001 ***
				（0.000）
_cons	0.024 ***	0.004 **	-0.036 ***	-0.031 ***
	（0.000）	（0.002）	（0.004）	（0.004）
个体效应	是	是	是	是
年份效应	是	是	是	是
行业效应	是	是	是	是
样本量	680 284	677 541	661 309	652 920
拟合优度	0.592	0.592	0.594	0.594

注：*、**、***分别表示在 10%、5%、1%水平下显著；括号内为稳健标准误。

6.4.3　稳健性检验

本章进一步对结果的稳健性进行检验。首先，为了排除跨国企业自己上报的进口额数据所产生的误差，我们用海关统计进口额替换跨国企业自己上报的进口额数据进行回归，结果如表 6-7 列（1）所示。可以看出，在将跨国企业进口额替换为海关统计进口额后，并不会对模型的基准回归结果产生影响。其次，本章对数据进行截尾处理，从而缓解异常值对本章基准结果的影响，结果如表 6-7 列（2）所示。在此，为了解决被解释变量在 0 处的截断和集聚带来估计偏误问题，本章进一步采用 Tobit 模型进行估计，结果如表 6-7 列（3）所示。最后，为了控制无法观测到的跨国企业母国特征对跨国企业绿色创新的影响，本章在基准回归模型中进一步加入母国固定效应，结果如表 6-7 列（4）所示。表 6-7 的结果均印证了本章核心结论的稳健性。

表 6-7　稳健性检验（污染外包）

项目	lnimport_hg		ln_import_v_it	
	（1）	（2）	（3）	（4）
treat_post	0.000 ***	0.004 ***	0.001 **	0.004 ***
	（0.000）	（0.000）	（0.001）	（0.000）
lnasset	0.079 ***	0.180 ***	0.873 ***	0.180 ***
	（0.003）	（0.008）	（0.022）	（0.009）
income_assets	0.000	0.201 ***	1.019 ***	0.201 ***
	（0.000）	（0.009）	（0.027）	（0.009）
liablility_assets	0.000	0.103 ***	−0.160 ***	0.103 ***
	（0.000）	（0.008）	（0.034）	（0.008）
lntax	0.021 ***	0.048 ***	0.745 ***	0.047 ***
	（0.001）	（0.002）	（0.010）	（0.002）
lnexpor	0.356 ***	0.161 ***	1.672 ***	0.164 ***
	（0.003）	（0.004）	（0.010）	（0.004）
_cons	−0.884 ***	0.094	−43.219 ***	0.076
	（0.049）	（0.144）	（1.024）	（0.145）
个体效应	是	是		是
年份效应	是	是	是	是
行业效应	是	是	是	是
样本量	652 906	652 920	660 524	643 496
拟合优度	0.803	0.769		0.770

注：*、**、*** 分别表示在 10%、5%、1% 水平下显著；括号内为稳健标准误。

除了研究新《环境保护法》影响跨国企业污染外包的稳健性外，我们还研究了新《环境保护法》对于跨国企业绿色知识水平的稳健性。首先，本章将基准回归中的被解释变量跨国企业绿色专利数替换为跨国企业绿色专利数占比来进行回归，结果如表 6-8 列（1）所示。其次，由于部分跨国企业绿色专利数为 0，本章进一步采用 Tobit 模型进行回归以解决模型选择偏误问题，结果如表 6-8 列（2）所示。再次，本章在不加入任何固定效应的基准模型中进一步加入母国固定效应，回归结果如表 6-8 列（3）所示。表 6-8 列（4）汇报了在列（3）的模型中进一步加入跨国企业层面控制变量的结果。上述稳健性检验的结果均表明新《环境保护法》的实施对于跨国企业绿色知识水平的提高起到显著的促进作用。

表 6-8 稳健性检验（绿色专利）

项目	green_pat_ratio		ln_green	
	（1）	（2）	（3）	（4）
treat_post	0.085 ***	0.000 *	0.000 ***	0.000 ***
	（0.027）	（0.000）	（0.000）	（0.000）
lnasset	7.152 ***	0.578 ***		0.002 ***
	（0.824）	（0.012）		（0.000）
income_assets	0.000	0.000 ***		0.000
	（0.000）	（0.000）		（0.000）
liablility_assets	0.000 *	0.000 ***		0.000
	（0.000）	（0.000）		（0.000）
lntax	2.227 ***	0.092 ***		0.001 ***
	（0.238）	（0.005）		（0.000）
lnexpor	1.918 ***	0.007 *		0.001 ***
	（0.469）	（0.004）		（0.000）
_cons	−84.286 ***	−16.827 ***	0.022 ***	−0.028 ***
	（13.929）	（0.295）	（0.000）	（0.004）
个体效应	是	是	是	是
年份效应	是	是	是	是
行业效应	是	是	是	是
国家效应			是	是
样本量	652 920	660 524	670 433	643 496
拟合优度	0.409		0.590	0.592

注：*、**、***分别表示在 10%、5%、1%水平下显著；括号内为稳健标准误。

6.4.4 异质性分析

新《环境保护法》实施会促使跨国企业进口更多的高二氧化硫产品。然而，该结果极有可能在跨国企业的企业性质、行业以及区域层面呈现出异质性。表 6-9 为跨国企业的企业性质异质性分析，它们的回归系数分别为 0.224、0.227、0.136 和 0.141，且都在 1%水平下正向显著，但是独资跨国企业的回归系数大于非独资跨国企业的回归系数。因此，独资跨国企业污染外包受到政策的冲击更大，即独资跨国企业在新《环境保护法》实施后，相较于非独资跨国企业更易受到政策的影响，污染外包的情况更明显。

表 6-9 跨国企业的企业性质异质性分析（污染外包）

项目	ln_import_v_it			
	独资跨国企业		非独资跨国企业	
	（1）	（2）	（3）	（4）
treat_post	0.224 ***	0.227 ***	0.136 ***	0.141 ***
	(0.010)	(0.010)	(0.009)	(0.010)
lnasset		0.151 ***		0.026 **
		(0.010)		(0.012)
income_assets		0.036 ***		0.018
		(0.007)		(0.038)
liablility_assets		−0.003		−0.039
		(0.013)		(0.130)
lntax		0.082 ***		0.034 ***
		(0.003)		(0.003)
lnexpor		0.157 ***		0.092 ***
		(0.004)		(0.006)
_cons	4.800 ***	1.015 ***	3.118 ***	2.135 ***
	(0.001)	(0.170)	(0.002)	(0.204)
个体效应	是	是	是	是
时间效应	是	是	是	是
样本量	462 093	443 723	215 016	206 120
拟合优度	0.770	0.775	0.757	0.759

注：*、**、*** 分别表示在 10%、5%、1%水平下显著；括号内为稳健标准误。

由于独资跨国企业是母公司全控股公司，它更易受到母国绿色知识水平的影响。表 6-10 为绿色专利层面跨国企业的企业性质异质性分析。可以看出，独资跨国企业的系数在 5%水平下显著为正，而非独资跨国企业虽系数为正，但不显著。这表明，新《环境保护法》对独资跨国企业绿色专利起到正向促进作用。

表 6-10 跨国企业的企业性质异质性分析（绿色专利）

项目	ln_green			
	独资跨国企业		非独资跨国企业	
	（1）	（2）	（3）	（4）
treat_post	0.002 **	0.002 **	0.002	0.001
	（0.001）	（0.001）	（0.001）	（0.001）
lnasset		0.002 ***		0.005 ***
		（0.000）		（0.001）
income_assets		0.000		0.003
		（0.000）		（0.002）
liablility_assets		0.000		0.002 ***
		（0.000）		（0.001）
lntax		0.000 ***		0.001 ***
		（0.000）		（0.000）
lnexpor		0.001 ***		0.002 ***
		（0.000）		（0.000）
_cons	0.016 ***	−0.018 ***	0.042 ***	−0.063 ***
	（0.000）	（0.004）	（0.000）	（0.009）
个体效应	是	是	是	是
时间效应	是	是	是	是
样本量	462 093	443 723	215 016	206 120
拟合优度	0.572	0.574	0.613	0.614

注：*、**、*** 分别表示在 10%、5%、1%水平下显著；括号内为稳健标准误。

此外，新《环境保护法》的实施会对不同行业的跨国企业产生差异性影响，因此我们分析了污染外包层面的跨国企业行业异质性。由表 6-11 可知，非服务业跨国企业在 1%水平下显著为正，而服务业跨国企业仅有部分在 10%水平下显著为负。由此可知，新《环境保护法》的实施对非服务业跨国企业污染外包起到显著的促进作用。

表 6-11 跨国企业行业异质性分析（污染外包）

项目	ln_import_v_it			
	服务业跨国企业		非服务业跨国企业	
	（1）	（2）	（3）	（4）
treat_post	−0.012*	−0.011	0.340***	0.367***
	（0.007）	（0.007）	（0.023）	（0.023）
lnasset		0.032**		0.112***
		（0.013）		（0.008）
income_assets		0.277*		0.034***
		（0.153）		（0.006）
liablility_assets		0.638***		−0.002
		（0.232）		（0.011）
lntax		0.012***		0.063***
		（0.004）		（0.002）
lnexpor		0.182*		0.140***
		（0.105）		（0.003）
_cons	0.282***	−0.468*	4.344***	1.452***
	（0.018）	（0.240）	（0.002）	（0.135）
个体效应	是	是	是	是
时间效应	是	是	是	是
样本量	14 106	13 156	666 088	639 679
拟合优度	0.655	0.662	0.764	0.769

注：*、**、***分别表示在 10%、5%、1%水平下显著；括号内为稳健标准误。

我们还分析了绿色专利层面跨国企业行业的异质性，结果如表 6-12 所示。服务业跨国企业的系数在 5%水平上显著为正，非服务业跨国企业的系数为负但不显著。这表明，新《环境保护法》的实施对服务业跨国企业绿色专利起到正向促进作用。

表 6-12 跨国企业行业异质性分析（绿色专利）

项目	ln_green			
	服务业跨国企业		非服务业跨国企业	
	（1）	（2）	（3）	（4）
treat_post	0.002 **	0.002 **	−0.001	−0.001
	（0.001）	（0.001）	（0.001）	（0.001）
lnasset		0.001		0.003 ***
		（0.003）		（0.000）
income_assets		0.007		0.000
		（0.024）		（0.000）
liablility_assets		0.038		0.000
		（0.036）		（0.000）
lntax		0.000		0.001 ***
		（0.000）		（0.000）
lnexpor		0.003		0.001 ***
		（0.008）		（0.000）
_cons	0.034 ***	0.012	0.024 ***	−0.031 ***
	（0.003）	（0.047）	（0.000）	（0.004）
个体效应	是	是	是	是
时间效应	是	是	是	是
样本量	14 106	13 156	666 088	639 679
拟合优度	0.596	0.605	0.592	0.593

注：*、**、*** 分别表示在 10%、5%、1% 水平下显著；括号内为稳健标准误。

为了区分城市区域异质性带来的影响，我们将样本分为东部地区和非东部地区两部分，对其进行区域层面的异质性检验。根据表 6-13 可知，东部地区跨国企业与非东部地区跨国企业的系数分别为 0.205、0.212、0.189 以及 0.190，且均在 1% 水平下显著为正，但是东部地区跨国企业的系数大于非东部地区跨国企业的系数，表明东部地区跨国企业的污染外包受到政策的冲击更大。新《环境保护法》的实施对东部地区和非东部地区跨国企业的污染外包均起到显著的促进作用，并且这种作用在东部地区更加显著。

表6-13　跨国企业区域异质性分析（污染外包）

项目	ln_import_v_it			
	东部地区跨国企业		非东部地区跨国企业	
	（1）	（2）	（3）	（4）
treat_post	0.205***	0.212***	0.189***	0.190***
	（0.008）	（0.009）	（0.012）	（0.012）
lnasset		0.113***		0.132***
		（0.009）		（0.018）
income_assets		0.033***		0.213
		（0.005）		（0.140）
liablility_assets		−0.020		0.007***
		（0.023）		（0.001）
lntax		0.060***		0.080***
		（0.002）		（0.005）
lnexpor		0.141***		0.136***
		（0.004）		（0.008）
_cons	4.396***	1.519***	3.598***	0.308
	（0.001）	（0.148）	（0.003）	（0.308）
个体效应	是	是	是	是
时间效应	是	是	是	是
样本量	564 796	545 609	115 395	107 218
拟合优度	0.764	0.769	0.765	0.769

注：*、**、*** 分别表示在10%、5%、1%水平下显著；括号内为稳健标准误。

我们还分析了绿色专利层面跨国企业区域异质性（见表6-14）。结果表明，新《环境保护法》的实施对东部地区跨国企业绿色专利起到显著的正向促进作用，而对非东部地区跨国企业的影响并不显著。

表6-14　跨国企业区域异质性分析（绿色专利）

项目	ln_green			
	东部地区跨国企业		非东部地区跨国企业	
	（1）	（2）	（3）	（4）
treat_post	0.002**	0.002*	0.002	0.001
	（0.001）	（0.001）	（0.001）	（0.001）
lnasset		0.002***		0.004***
		（0.000）		（0.001）

表6-14(续)

项目	ln_green			
	东部地区跨国企业		非东部地区跨国企业	
	(1)	(2)	(3)	(4)
income_assets		0.000		0.005***
		(0.000)		(0.001)
liablility_assets		0.001***		0.000***
		(0.000)		(0.000)
lntax		0.001***		0.001***
		(0.000)		(0.000)
lnexpor		0.001***		0.001*
		(0.000)		(0.000)
_cons	0.023***	−0.029***	0.031***	−0.044***
	(0.000)	(0.004)	(0.000)	(0.010)
个体效应	是	是	是	是
时间效应	是	是	是	是
样本量	564 796	545 609	115 395	107 218
拟合优度	0.583	0.584	0.621	0.624

注：*、**、***分别表示在10%、5%、1%水平下显著；括号内为稳健标准误。

最后，我们还分析了跨国企业母国收入水平与跨国企业双元重构（污染外包和绿色专利）的关系（见表6-15和表6-16）。结果表明，新《环境保护法》的实施对高收入国家跨国企业的污染外包和绿色专利均起到正向促进作用，而对低收入国家跨国企业的影响并不显著。这一结果间接地体现了母公司的母国优势以及企业内部的知识转移对于跨国企业子公司的重要性。

表6-15 跨国企业母国收入高低国家异质性分析（污染外包）

项目	ln_import_v_it			
	低收入国家		高收入国家	
	(1)	(2)	(3)	(4)
did	0.032	0.066	0.213***	0.219***
	(0.430)	(0.525)	(0.006)	(0.007)
lnasset		0.270		0.121***
		(0.211)		(0.008)

表6-15(续)

项目	ln_import_v_it			
	低收入国家		高收入国家	
	(1)	(2)	(3)	(4)
income_assets		669.210*		0.034***
		(383.851)		(0.006)
liablility_assets		125.355		−0.002
		(153.008)		(0.011)
lntax		0.054		0.064***
		(0.052)		(0.002)
lnexpor		0.144		0.147***
		(0.165)		(0.004)
_cons	0.902***	−4.239	4.411***	1.324***
	(0.034)	(3.394)	(0.001)	(0.143)
个体效应	是	是	是	是
时间效应	是	是	是	是
样本量	498	455	598 061	574 482
拟合优度	0.772	0.768	0.768	0.773

注：*、**、***分别表示在10%、5%、1%水平下显著；括号内为稳健标准误。

表6-16 跨国企业母国收入高低国家异质性分析（绿色专利）

项目	ln_green			
	低收入国家		高收入国家	
	(1)	(2)	(3)	(4)
did	−0.009	−0.009	0.002***	0.002***
	(0.032)	(0.035)	(0.001)	(0.001)
lnasset		−0.003		0.002***
		(0.008)		(0.000)
income_assets		−7.184		0.000
		(11.804)		(0.000)
liablility_assets		2.021		0.000
		(2.700)		(0.000)
lntax		0.001		0.001***
		(0.001)		(0.000)
lnexpor		−0.001		0.001***
		(0.001)		(0.000)

表6-16(续)

项目	ln_green			
	低收入国家		高收入国家	
	(1)	(2)	(3)	(4)
_cons	0.014***	0.049	0.023***	-0.028***
	(0.003)	(0.138)	(0.000)	(0.004)
个体效应	是	是	是	是
时间效应	是	是	是	是
样本量	498	455	598 061	574 482
拟合优度	0.254	0.260	0.594	0.596

注：*、**、*** 分别表示在 10%、5%、1% 水平下显著；括号内为稳健标准误。

6.5 本章小结

本章主要分析了新《环境保护法》的实施对跨国企业污染外包和跨国企业绿色知识水平的影响。

首先，我们对研究内容进行了平行趋势检验，结果表明，在新《环境保护法》正式实施前，跨国企业未对该法做出反应，而在该法正式实施后，其对跨国企业污染外包起到显著的促进作用。此外，新《环境保护法》的实施也会对跨国企业绿色知识水平起到正向促进作用，且这种作用存在一定的时滞性，会在新《环境保护法》正式实施的一段时间后显出效果。

随后的基准回归结果表明，新《环境保护法》的实施对跨国企业污染外包和跨国企业自身绿色知识水平均起到显著的促进作用。也就是说，新《环境保护法》的实施给跨国企业带来了较大的制度压力，在这种压力下，跨国企业一方面会进行污染外包，降低自身所面临的合规成本；另一方面，新《环境保护法》还会促进跨国企业提升自身绿色知识水平，尝试从根源上解决环境制度压力所带来的额外成本问题。

其次，为了解决研究数据所导致的内生性问题，我们将跨国企业自己申报的进口额替换为海关统计进口额。此外，我们将在华跨国企业分为东部地区跨国企业与非东部地区跨国企业进行对比分析，以解决由区域差异带来的内生性问题。

再次，我们用跨国企业绿色专利数占比来替代跨国企业绿色专利数，以减少内生性对结果的影响。稳健性检验的结果表明，新《环境保护法》对于跨国企业的污染外包和绿色知识水平均起到显著的正向促进作用。

最后，我们从跨国企业的企业性质、行业以及城市区域三个方面分别对研究结果进行了异质性分析。结果表明，新《环境保护法》的实施对独资跨国企业的污染外包和绿色专利均起到显著的正向促进作用。新《环境保护法》的实施对非服务业跨国企业污染外包起到显著的促进作用，同时对服务业跨国企业绿色专利起到显著的正向促进作用。此外，新《环境保护法》的实施对东部地区跨国企业的污染外包和绿色专利均起到显著的正向促进作用，对高收入国家跨国企业的污染外包和绿色专利均起到正向促进作用。

7 研究结论、政策建议与研究局限及展望

7.1 研究结论

随着环境问题愈发引起人们关注，政府各个部门出台了各种环境规制以制约跨国企业污染的产生和排放。在这样的大背景下，外部的制度压力会对跨国企业的战略与双元重构产生什么样的影响？跨国企业母国绿色知识水平又会在其中起到什么样的调节作用？为回答这些问题，本书分别从绿色信贷政策对跨国企业进口的影响、政府工作报告中的环境词频对跨国企业研发投入的影响以及新《环境保护法》对跨国企业的污染外包和绿色知识水平的影响三个方面进行了系统性分析，得到了以下主要结论：

中国绿色信贷政策的实施与不同行业跨国企业污染进口呈较为显著的正相关关系，但是这种正向影响存在一定的时间滞后效应，即整体影响效果需要一段时间才能显现。基准回归结果以及随后的稳健性检验结果均表明绿色信贷政策对位于试点地区试点行业的跨国企业污染外包具有正向推动作用。稳健性检验的结果表明，政策的实施年份、跨国企业的进口结构、各国的贸易结构以及对碳排放权交易市场政策的并行实施等其他随机因素并不会对结论产生影响。

我们考察了跨国企业产权异质性、行业异质性以及产品异质性对上述结论的影响，发现非国有跨国企业，石油化工、水泥等污染密集型行业的跨国企业在绿色信贷政策实施后更倾向于进行污染外包。同时在绿色信贷实施后，跨国企业倾向于减少资源密集型产品的生产，但该抑制作用并不显著。通过分析出口国绿色知识水平的异质性以及融资约束的中介机制可

知，出口国绿色知识水平能够显著影响跨国企业的进口选择，这是由于绿色知识水平高的出口国具有更高的科技水平和产品质量，因而更受到跨国企业的青睐。面对绿色信贷政策的实施，融资约束更高的跨国企业更愿意进行污染外包。

地方政府工作报告中的环境词频会对当地跨国企业研发投入起到正向促进作用。即使在加入了出口额、总资产、销售收入、销售成本、总税费等控制变量的基础上，以及在进一步控制个体、时间、国家和行业的固定效应之后，这种正向促进作用依旧显著且稳健。在引入国家层面绿色知识水平作为调节变量后，地方政府工作报告中的环境词频对于母国国家绿色知识水平高的跨国企业的研发投入促进效应偏弱。随后的稳健性检验表明，无论是否引入国家层面绿色知识水平作为调节变量，基准回归的结论依旧稳健。此外，在加入我们自己构建的工具变量对结果进行检验后，结果依旧显著且稳健。

通过分析独资跨国企业、服务业跨国企业、中国东部地区跨国企业以及跨国企业出口行为对结果的异质性影响可知，地方政府绿色关注度对独资跨国企业研发投入的促进效应较强；在引入国家层面绿色知识水平作为调节变量后，环境词频对独资跨国企业研发投入的促进效应偏弱。环境词频对服务业跨国企业创新投入的促进效应较弱，在引入国家层面绿色知识水平作为调节变量后，环境词频对服务性跨国企业研发投入的促进效应仍旧偏弱。同时，地方政府绿色关注度对东部地区跨国企业研发投入具有正向激励作用，但是在引入国家层面绿色知识水平作为调节变量后，东部地区跨国企业研发投入被抑制。地方政府绿色关注度增强对出口型跨国企业研发投入起到正向激励作用，但是在引入调节变量后，该影响变为负向抑制作用。当跨国企业母国为高收入国家时，地方政府绿色关注度提高对跨国企业研发投入起到正向促进作用。

中国新《环境保护法》的实施对于跨国企业的污染外包和绿色知识水平起到显著的正向促进作用，但是这种作用存在一定的时滞性。随后的基准回归分析也表明，中国新《环境保护法》的实施对跨国企业污染外包和跨国企业自身绿色知识水平均起到显著的正向促进作用。

为了解决由数据以及地域带来的内生性问题，我们加入海关统计进口额、跨国企业绿色专利数占比数据并将跨国企业按照地域分为东部地区和非东部地区两部分来对结果进行稳健性检验，结果表明新《环境保护法》

的实施对跨国企业污染外包和绿色知识水平仍旧起到显著的正向促进作用。通过异质性分析，我们发现新《环境保护法》的实施对独资跨国企业的污染外包和绿色知识水平都起到显著的正向促进作用。同时，新《环境保护法》的实施对于非服务业跨国企业污染外包起到显著的促进作用，但是对于服务业跨国企业绿色专利起到显著的正向促进作用。新《环境保护法》的实施对于东部地区跨国企业的污染外包和绿色专利均起到显著的正向促进作用，同时也会对母国为高收入国家跨国企业的污染外包和绿色专利起正向促进作用。

7.2 政策建议

本书通过对绿色制度压力（绿色信贷政策、地级市政府工作报告环境词频及新《环境保护法》等）的分析与梳理，探究了制度压力、绿色知识与跨国企业双元重构之间的关系。根据实证研究的相关结论，现提出以下政策建议：

第一，坚定不移地持续实施绿色信贷政策，同时优化调整政策结构，拓宽政策覆盖领域。本书的实证检验已经证明，绿色信贷政策在总体层面上对跨国企业污染进口起到较为显著的促进作用，只是这种正向影响存在时间滞后效应。因此，只有坚定政策自信，保持政策的连续性才能使得绿色信贷政策的正向效应最大化。经过一系列的稳健性和异质性研究后，本书发现绿色信贷政策的正向作用并不受跨国企业进口结构、碳市场试点政策等因素影响，足以说明绿色信贷政策是一个有一定抗扰动能力、可以长期施行的经济政策。同时，本书通过异质性研究发现，当前的绿色信贷政策带来的正向效应在非国有跨国企业及污染密集型行业更加突出，也就是说在政策的有效覆盖领域方面仍旧存在优化空间。具体来说，为了保证绿色信贷政策带来的制度压力的公正性并提高政策效益，可以考虑有针对性地拟定一些对国有跨国企业和部分中低污染行业跨国企业的规制，以促使更多行业、不同所有权结构的跨国企业节能减排，进一步提高政策质量。

第二，结合十三届全国人大五次会议对提高"创新能力"的指导意见，各级政府可以用直接调控或强制性工具以外的其他渠道引导、激励跨国企业绿色知识的创新。"一刀切"、强制性的政策往往是饮鸩止渴，看似能短时见效，实则留下许多隐患、滋生大量乱象，这一点已有很多学术研究和现实案例的支撑。而一些不完全正式的渠道和工具往往能以更柔和、更易接受的方式潜移默化地影响跨国企业战略决策和绿色知识的创新——比如地方政府工作报告。本书通过理论推导和实证检验已经得出地级市政府工作报告中的环境词频会对当地跨国企业研发投入起正向促进作用。从这个方面出发，本书认为各级政府可以在深入学习十三届全国人大五次会议关于对跨国企业"创新能力"的指导意见的情况下，以更柔和、更多样、更灵活的方法鼓励跨国企业进行创新。举例来说，对当地龙头跨国企业或高精尖研发跨国企业，可以定期举行专题座谈会，在保持政企高效沟通的情况下突出政府对跨国企业创新、绿色专利等方面的重视；对当地中小型跨国企业或行业联合会，可以在提高政务透明度和展示政府动向的渠道和平台等多方面突出并强调政府对跨国企业创新能力的要求，以期创造一种对创新的规范性压力；对新兴跨国企业，投入部分政府资源组织跨国企业高管或负责人进行十三届全国人大五次会议精神的学习，尤其是政府工作报告中关于"创新能力"的新时代要求。这不仅可以传达当前国家在政治经济方面的形势和宏观政策，更有可能引起新兴跨国企业对创新能力的重视，收获长期效益。

第三，从更宏观的层面出发，在做好法律监督的前提条件下，加快低碳绿色相关法律的立法修法工作，增强法律的系统性、整体性、协同性，为建设美丽中国提供坚实的法律保障。随着中国在绿色治理与排污监管等方面的不断探索和人民群众对生态环境的逐渐重视，国家一直在积极研究如何从法律法规的角度构筑生态环境的红线。本书已经从新《环境保护法》的角度做出了一些实证分析，结论突出了新《环境保护法》对限制跨国企业排污（主要是跨国企业）方面的卓越贡献，在新《环境保护法》的影响分析和结果展示方面做出了一些贡献，同时也在一定程度上肯定了低碳绿色相关法律的立法与修法工作。因此，本书建议进一步加快相关法律的立法修法工作。此外，结合本书对绿色信贷政策的研究来看，也可以积极探索低碳绿色相关法律法规与经济政策的协同效应，或者与其他法律的相容性，以增强法律的整体性与协同性。

7.3 研究局限及未来研究展望

本书对制度压力、绿色知识与跨国企业双元重构三个层面较为系统地进行了讨论，不仅在文献方面进行了梳理，而且在理论和实证方面进行了验证，但是还是存在以下不足：

首先，在制度压力的选择层面仍旧存在一定的局限性。本书在制度压力的选取方面，主要聚焦于绿色金融制度、地方政府绿色关注度以及可持续立法三方面，并系统地分析了三者对于跨国企业重构的影响过程。虽然这三者分别代表了跨国企业层面、地方政府层面和国家层面的制度压力，但是三者并不能完全代表中国所有种类的环境规制。此外，本书选取的三种环境规制均属于命令控制型环境规制，缺少对于市场激励型环境规制的研究。鉴于命令控制型环境规制和市场激励型环境规制存在较大差异，因此两种不同类型的环境规制对跨国企业重构的影响差异尚不明确。此外，本书重点从制度压力和跨国企业战略行为的层面开展研究，而对跨国企业对环境的直接影响的研究内容略显不足。

其次，跨国企业重构的角度较为单一。本书构建跨国企业双元重构的角度较为单一，仅从主动类（跨国企业研发投入）、被动类（跨国企业污染外包）以及将两者相结合的双元重构这些角度对跨国企业双元重构进行构建，而缺少从不同层面去构建跨国企业双元重构。跨国企业双元重构包含了多种行为，本书仅关注跨国企业污染外包、跨国企业研发投资战略以及跨国企业绿色知识水平等方面，而忽略了对跨国企业重构其余方面的研究。

最后，数据的缺失以及时效性问题。本书用到了多种数据，包括跨国企业层面、地方政府层面以及国家层面的数据。然而，部分数据存在缺失、不连贯等方面的问题。同时，本书所用数据缺乏最新几年的数据，这会对研究的完整性产生一定的影响。虽然在实证分析中，我们已经利用稳健性检验和异质性分析消除了绝大部分误差，但是数据缺失造成的影响仍旧存在。

由于以上研究的局限性，未来研究将可以基于以下方向展开：

第一，持续对制度压力进行关注，关注不同类型的政策，检验不同种类制度压力对跨国企业的影响。本书主要选取了三种有代表性的命令控制型环境规制并探究了其对跨国企业重构的影响。在未来的研究中，可选取更多的命令控制型环境规制，对比分析不同制度压力对跨国企业重构行为的影响差异。此外，也可选择部分市场激励型环境规制，探究市场激励型环境规制对跨国企业的影响，对比分析命令控制型环境规制与市场激励型环境规制对跨国企业影响的差异。

第二，未来的研究需要加深对于跨国企业的企业性质和行业性质在跨国企业重构中的占比。例如，本书主要关注非国有跨国企业，而缺少对国有跨国企业的关注。此外，制度压力对不同行业的跨国企业也存在较为显著的差异。未来的研究应从这两个角度出发，关注跨国企业的企业性质和行业性质在研究中所起到的中介作用。

第三，未来的研究需要更加关注数据的连续性以及质量控制。在研究制度压力、绿色知识与跨国企业双元重构的关系中，数据的连续性和质量对于研究结果起到至关重要的作用。若某一数据存在中断，意味着整个研究的时间序列和准确性将受到显著影响。因此，在未来研究中，我们需要更加注重数据的连续性和质量控制，尽可能减少数据质量差所造成的误差。

参考文献

安同良，周绍东，皮建才，2009. R&D 补贴对中国企业自主创新的激励效应 [J]. 经济研究，44（10）：87-98，120.

白景坤，李红艳，屈玲霞，2017. 动态环境下上市公司高管团队的异质性如何影响战略变革：基于沪深两市中小企业板上市公司数据的实证分析 [J]. 宏观经济研究，(2)：157-168

陈诗一，陈登科，2018. 雾霾污染、政府治理与经济高质量发展 [J]. 经济研究，53（2）：20-34.

陈伟宏，钟熙，宋铁波，2018. 经营期望落差、董事会特征与战略变革 [J]. 软科学，32（2）：76-79.

陈小洪，2009. 中国企业 30 年创新：机制、能力和战略 [J]. 管理学报，6（11）：1421-1429.

崔广慧，姜英兵，2019. 环境规制对企业环境治理行为的影响：基于新《环保法》的准自然实验 [J]. 经济管理，41（10）：54-72.

董晓芳，袁燕，2014. 企业创新、生命周期与聚集经济 [J]. 经济学（季刊），(2)：767-792.

郭毅，王兴，章迪诚，等，2010."红头文件"何以以言行事？：中国国有企业改革文件研究（2000—2005）[J]. 管理世界，(12)：74-89，187-188.

韩先锋，惠宁，宋文飞，2014. 环境规制对研发技术进步的影响效应研究 [J]. 中国科技论坛，(12)：75-79.

侯新烁，杨汝岱，2016. 政府城市发展意志与中国区域城市化空间推进：基于《政府工作报告》视角的研究 [J]. 经济评论，(6)：9-22，54.

蒋伏心，王竹君，白俊红，2013. 环境规制对技术创新影响的双重效应：基于江苏制造业动态面板数据的实证研究 [J]. 中国工业经济，(7)：

44-55.

焦豪, 杨季枫, 2019. 双元战略: 带着镣铐优雅舞蹈 [J]. 清华管理评论, (5): 73-77.

黎传国, 陈收, 毛超, 等, 2014. 资源配置视角下战略调整测度及其对绩效的影响 [J]. 中国管理科学, 22 (11): 19-26.

黎文靖, 郑曼妮, 2016. 实质性创新还是策略性创新?: 宏观产业政策对微观企业创新的影响 [J]. 经济研究, 51 (4): 60-73.

李骏, 刘洪伟, 万君宝, 2017. 产业政策对全要素生产率的影响研究: 基于竞争性与公平性视角 [J]. 产业经济研究, (4): 115-126.

李青原, 肖泽华, 2020. 异质性环境规制工具与企业绿色创新激励: 来自上市企业绿色专利的证据 [J]. 经济研究, 55 (9): 192-208.

李文贵, 余明桂, 2015. 民营化企业的股权结构与企业创新 [J]. 管理世界, (4): 112-125.

李垣, 王龙伟, 谢恩, 2004. 动态环境下组织资源对战略变化的影响研究 [J]. 管理学报, 1 (1): 58-61.

凌鸿, 赵付春, 邓少军, 2010. 双元性理论和概念的批判性回顾与未来研究展望 [J]. 外国经济与管理, 32 (1): 25-33.

刘海潮, 李垣, 2006. 转型经济背景下竞争压力变化对企业战略变化的影响 [J]. 管理工程学报, 20 (1): 7-11.

刘晔, 张训常, 2017. 碳排放交易制度与企业研发创新: 基于三重差分模型的实证研究 [J]. 经济科学, (3): 102-114.

刘友芝, 2001. 论负的外部性内在化的一般途径 [J]. 经济评论, (3): 7-10.

刘媛媛, 黄正源, 刘晓璇, 2021. 环境规制、高管薪酬激励与企业环保投资: 来自 2015 年《环境保护法》实施的证据 [J]. 会计研究, (5): 175-192.

卢强, 凌虹, 吴仁海, 2000. 企业的绿色战略 [J]. 环境保护, (6): 36-38.

吕忠梅, 吴一舟, 2019. 中国环境法治七十年: 从历史走向未来 [J]. 中国法律评论, (5): 102-123.

马浩, 2022. 双元战略: 游走于当下与未来 [J]. 清华管理评论, (3): 69-76.

毛其淋, 许家云, 2014. 中国企业对外直接投资是否促进了企业创新 [J]. 世界经济, (8): 100-127.

毛其淋，许家云，2015. 政府补贴对企业新产品创新的影响：基于补贴强度"适度区间"的视角 [J]. 中国工业经济，(6)：94-107.

毛蕴诗，王欢，1999. 企业重构与竞争优势 [J]. 南开管理评论，(4)：35-39.

毛蕴诗，2004. 全球公司重构：案例研究与中国企业战略重组 [M]. 大连：东北财经大学出版社.

孟祥展，张俊瑞，白雪莲，2018. 外聘 CEO 职业经历、任期与公司经营战略变革的关系 [J]. 管理评论，30（8）：168-181.

齐绍洲，林屾，崔静波，2018. 环境权益交易市场能否诱发绿色创新？：基于我国上市公司绿色专利数据的证据 [J]. 经济研究，53（12）：129-143.

沈洪涛，周艳坤，2017. 环境执法监督与企业环境绩效：来自环保约谈的准自然实验证据 [J]. 南开管理评论，20（6）：73-82.

苏冬蔚，连莉莉. 绿色信贷是否影响重污染企业的投融资行为？[J]. 金融研究，2018（12）：123-137.

隋俊，毕克新，杨朝均，等，2015. 跨国公司技术转移对我国制造业绿色创新系统绿色创新绩效的影响机理研究 [J]. 中国软科学，(1)：118-129.

孙爱英，徐强，周玉泉，2004. 组织文化的演进及其对企业绩效的影响 [J]. 运筹与管理，13（5）：155-159.

孙林，2019. 实物期权视角下企业战略调整时机选择与价值研判 [D]. 长沙：湖南大学.

王班班，赵程，2019. 中国的绿色技术创新：专利统计和影响因素 [J]. 工业技术经济，38（7）：53-66.

王文春，荣昭，2014. 房价上涨对工业企业创新的抑制影响研究 [J]. 经济学（季刊），13（2）：465-490.

王学鸿，1997. 现代跨国公司对世界经济的影响探析 [J]. 辽宁教育学院学报，(3)：24-26.

王珍愚，曹瑜，林善浪，2021. 环境规制对企业绿色技术创新的影响特征与异质性：基于中国上市公司绿色专利数据 [J]. 科学学研究，39（5）：909-919.

魏冉，2014. 环境污染的经济学分析 [J]. 中国成人教育，(7)：79-80.

吴建祖，龚敏，2018. 基于注意力基础观的 CEO 自恋对企业战略变革影响机制研究 [J]. 管理学报，15（11）：1638-1646.

吴璟,郭尉,罗晨曦,等,2015.地方政府住房市场干预倾向的度量与影响因素分析 [J].财贸经济,(12):147-157.

夏光,冯东方,程路连,等,2005.六省市排污许可证制度实施情况调研报告 [J].环境保护,(6):57-62.

肖文,林高榜,2014.政府支持、研发管理与技术创新效率:基于中国工业行业的实证分析 [J].管理世界,(4):71-80.

熊和平,杨伊君,周靓,2016.政府补助对不同生命周期企业 R&D 的影响 [J].科学学与科学技术管理,37(9):3-15.

徐现祥,刘毓芸,2017.经济增长目标管理 [J].经济研究,52(7):18-33.

严成樑,龚六堂,2009.熊彼特增长理论:一个文献综述 [J].经济学(季刊),8(3):1163-1196.

杨德峰,杨建华,2009.企业环境战略研究前沿探析 [J].外国经济与管理,31(9):29-37.

杨洋,魏江,罗来军,2015.谁在利用政府补贴进行创新?:所有制和要素市场扭曲的联合调节效应 [J].管理世界,(1):75-86,98,188.

易靖韬,张修平,王化成,2015.企业异质性、高管过度自信与企业创新绩效 [J].南开管理评论,18(6):101-112.

尹志锋,叶静怡,黄阳华,等,2013.知识产权保护与企业创新:传导机制及其检验 [J].世界经济,36(12):111-129.

余菲菲,2015.联盟组合构建对企业绿色创新行为的影响机制:基于绿色开发商的案例启示 [J].科学学与科学技术管理,36(5):13-23.

余泳泽,2011.创新要素集聚、政府支持与科技创新效率:基于省域数据的空间面板计量分析 [J].经济评论,(2):93-101.

袁靖波,周志民,周南,等,2018.管制放松后的企业营销竞争行动与销售绩效:移动壁垒的阻隔作用 [J].经济管理,40(6):100-114.

张钢,陈佳乐,2013.组织二元性的研究综述与展望 [J].世界科技研究与发展,35(4):526-529.

张光平,董红蕾,沈澍,2016.绿色信贷支持金融创新与产业结构转型研究 [J].金融监管研究,(5):98-108.

张军,许庆瑞,张素平,2014.动态环境中企业知识管理与创新能力关系研究 [J].科研管理,35(4):59-67.

赵玉民,朱方明,贺立龙,2009.环境规制的界定、分类与演进研究 [J].

中国人口·资源与环境，19（6）：85-90.

ABBAS J, SAĞSAN M, 2019. Impact of knowledge management practices on green innovation and corporate sustainable development：a structural analysis ［J］. Journal of cleaner production, 229：611-620.

ABDEL-LATIF A, 2012. Intellectual property rights and green technologies from Rio to Rio：an impossible dialogue? ［J］. International centre for trade and sustainable development policy brief, （14）：112-115.

ACEMOGLU D, AGHION P, BURSZTYN L, et al., 2012. The environment and directed technical change ［J］. American economic review, 102（1）：131-166.

AHN S J, YOON H Y, 2020. Green chasm' in clean-tech for air pollution：patent evidence of a long innovation cycle and a technological level gap ［J］. Journal of cleaner production, 272：122726.

ALBRIZIO S, KOZLUK T, ZIPPERER V, 2017. Environmental policies and productivity growth：evidence across industries and firms ［J］. Journal of environmental economics and management, 81：209-226.

ALCHIAN A A, DEMSETZ H, 1972. Production, information costs, and economic organization ［J］. American economic review, 62（5）：777-795.

AMBEC S, COHEN M A, ELGIE S, et al., 2020. The Porter hypothesis at 20：can environmental regulation enhance innovation and competitiveness? ［J］. Review of environmental economics and policy. 7：2-22.

AMBOS T C, AMBOS B, SCHLEGELMILCH B B, 2006. Learning from foreign subsidiaries：an empirical investigation of headquarters' benefits from reverse knowledge transfers ［J］. International business review, 15（3）：294-312.

AMORES-SALVADÓ J, MARTÍN-DE CASTRO G, NAVAS-LÓPEZ J E, 2014. Green corporate image：moderating the connection between environmental product innovation and firm performance ［J］. Journal of cleaner production, 83：356-365.

ANG J S, LAUTERBACH B, SCHREIBER B Z, 2001. Internal monitoring, regulation, and compensation of top executives in banks ［J］. International review of economics and finance, 10（4）：325-335.

ANSOFF H I, 1965. Corporate management ［M］. New York：McGraw-Hill.

ARAGÓN-CORREA J A, SHARMA S, 2003. A contingent resource-based view of proactive corporate environmental strategy ［J］. Academy of management review, 28 （1）: 71-88.

ASGHARI M, 2013. Does FDI promote MENA region's environment quality? Pollution halo or pollution haven hypothesis ［J］. International journal of environmental research, 1 （6）: 92-100.

ATKINSON R, 2007. Expanding the R&D tax credit to drive innovation, competitiveness and prosperity ［J］. The journal of technology transfer, 32 （6）: 617-628.

ATTIA A, SALAMA I, 2018. Knowledge management capability and supply chain management practices in the Saudi food industry ［J］. Business process management journal, 24 （2）: 459-477.

AUDRETSCH D B, FELDMAN M P, 1996. R&D spillovers and the geography of innovation and production ［J］. The American economic review, 86 （3）: 630-640.

AZAPAGIC, A, 2004. Developing a framework for sustainable development indicators for the mining and minerals industry ［J］. Journal of cleaner production, 12 （6）: 639-662.

BADA A O, ANIEBONAM M C, OWEI V, 2004. Institutional pressures as sources of improvisations: a case study from a developing country context ［J］. Journal of global information technology management, 7 （3）: 27-44.

BARBERA A J, MCCONNELL V D, 1990. The impact of environmental regulations on industry productivity: direct and indirect effects ［J］. Journal of environmental economics and management, 18 （1）: 50-65.

BARKER V L, MUELLER G C, 2002. CEO characteristics and firm R&D spending ［J］. Management science, 48 （6）: 782-801.

BARPUJARI I, NANDA N, 2013. Weak IPRs as impediments to technology transfer-findings from select asian countries ［J］. Journal of intellectual property rights, 18 （5）: 399-409.

BARR P S, STIMPERT J L, HUFF A S, 1992. Cognitive change, strategic action, and organizational renewal ［J］. Strategic management journal, 13 （s1）: 15-36.

BAYSINGER B, HOSKISSON R E, 1989. Diversification strategy and R&D in-

tensity in multiproduct firms ［J］. Academy of management journal, 32 （2）:
310–332.

BAYSINGER B, HOSKISSON R E, 1990. The composition of boards of directors
and strategic control: effects on corporate strategy ［J］. Academy of manage-
ment review, 15 （1）: 72–87.

BERNAUER T, ENGEL S, KAMMERER D, et al., 2007. Explaining green in-
novation: ten years after Porter's win-win proposition: how to study the effects
of regulation on corporate environmental innovation? ［J］. Politische viertel-
jahresschrift, 39: 323–341.

BERRONE P, FOSFURI A, GELABERT L, et al., 2013. Necessity as the moth-
er of "green" inventions: institutional pressures and environmental innovations
［J］. Strategic management journal, 34 （8）: 891–909.

BHAGAT S, WELCH I, 1995. Corporate research & development investments
international comparisons ［J］. Journal of accounting and economics, 19 （2–3）:
443–470.

BLONIGEN B A, 2005. A review of the empirical literature on FDI determinants
［J］. Atlantic economic journal, 33 （4）: 383–403.

BOEKER W, 1997. Strategic change: the influence of managerial characteristics
and organizational growth ［J］. Academy of management Journal, 40 （1）:
152–170.

BRONER F, BUSTOS P, CARVALHO V M, 2012. Sources of comparative ad-
vantage in polluting industries ［J］. National bureau of economic research,
no. w18337.

BROWN L W, YASAR M, RASHEED A A, 2018. Predictors of foreign
corporate political activities in United States politics ［J］. Global strategy jour-
nal, 8 （3）: 503–514.

BRUNNERMEIER S B, COHEN M A, 2003. Determinants of environmental in-
novation in US manufacturing industries ［J］. Journal of environmental eco-
nomics and management, 45 （2）: 278–293.

BRÄNNLUND R, LUNDGREN T, 2009. Environmental policy without costs? A
review of the Porter hypothesis ［J］. International review of environmental and
resource economics, 3 （2）: 75–117.

BUSHEE B J, 2001. Do institutional investors prefer near-term earnings over long-run value? [J]. Contemporary accounting research, 18 (2): 207-246.

BUYSSE K, VERBEKE A, 2003. Proactive environmental strategies: a stakeholder management perspective [J]. Strategic management journal, 24 (5): 453-470.

CAGATAY S, MIHCI H, 2006. Degree of environmental stringency and the impact on trade patterns [J]. Journal of economic studies, 33 (1): 30-51.

CAI W, LI G, 2018. The drivers of eco-innovation and its impact on performance: evidence from China [J]. Journal of cleaner production, 176: 110-118.

CAI X, LU Y, WU M, et al., 2016. Does environmental regulation drive away inbound foreign direct investment? Evidence from a quasi-natural experiment in China [J]. Journal of development economics, 123: 73-85.

CAO Q, GEDAJLOVIC E, ZHANG H, 2009. Unpacking organizational ambidexterity: dimensions, contingencies, and synergistic effects [J]. Organization science, 20 (4): 781-796.

CAO Y H, YOU J X, LIU H C, 2017. Optimal environmental regulation intensity of manufacturing technology innovation in view of pollution heterogeneity [J]. Sustainability, 9 (7): 1240.

CARBONI O A, 2011. R&D subsidies and private R&D expenditures: evidence from Italian manufacturing data [J]. International review of applied economics, 25 (4): 419-439.

CARLSSON B, 2006. Internationalization of innovation systems: a survey of the literature [J]. Research policy, 35 (1): 56-67.

CARRIÓN-FLORES C E, INNES R, 2006. Environmental innovation and environmental policy: an empirical test of bi-directional effects [J]. University of Arizona working paper, 1-34.

CERIN P, DOBERS P, 2001. What does the performance of the Dow Jones Sustainability Group Index tell us? [J]. The journal of corporate environmental management, 8 (3): 123-133.

CHAKRABORTY P, CHATTERJEE C, 2017. Does environmental regulation indirectly induce upstream innovation? New evidence from India [J]. Research policy, 46（5）：939-955.

CHAN H S R, LI S, ZHANG F, 2013. Firm competitiveness and the European Union emissions trading scheme ［J］. Energy policy, 63：1056-1064.

CHANDLER JR A D, 1991. The functions of the HQ unit in the multibusiness firm ［J］. Strategic management journal, 12（s2）：31-50.

CHANG C H, 2011. The influence of corporate environmental ethics on competitive advantage：the mediation role of green innovation ［J］. Journal of business ethics, 104（3）：361-370.

CHARPIN R, POWELL E E, ROTH A V, 2021. The influence of perceived host country political risk on foreign subunits' supplier development strategies ［J］. Journal of operations management, 67（3）：329-359.

CHEN A, CHEN H, 2021. Decomposition analysis of green technology innovation from green patents in China ［J］. Mathematical problems in engineering, （1）：1-11.

CHEN J, CHENG J, DAI S, 2017. Regional eco-innovation in China：an analysis of eco-innovation levels and influencing factors ［J］. Journal of cleaner production, 153：1-14.

CHEN Y S, LIN Y H, LIN C Y, et al., 2015. Enhancing green absorptive capacity, green dynamic capacities and green service innovation to improve firm performance：an analysis of structural equation modeling（SEM）［J］. Sustainability, 7（11）：15674-15692.

CHENG J H, 2011. Inter-organizational relationships and knowledge sharing in green supply chains：moderating by relational benefits and guanxi ［J］. Transportation research part e：logistics and transportation review, 47（6）：837-849.

CHENG J H, YEH C H, TU C W, 2008. Trust and knowledge sharing in green supply chains ［J］. Supply chain management, 13（4）：283-295.

CHENG Z, LI L, LIU J, 2018. The spatial correlation and interaction between environmental regulation and foreign direct investment ［J］. Journal of regulatory economics, 54（2）：124-146.

CHILD J, 1997. Strategic choice in the analysis of action, structure, organizations and environment：retrospect and prospect ［J］. Organization studies, 18（1）: 43-76.

CHO J H, SOHN S Y, 2018. A novel decomposition analysis of green patent applications for the evaluation of R&D efforts to reduce CO_2 emissions from fossil fuel energy consumption［J］. Journal of cleaner production, 193: 290-299.

CHOI Y R, YOSHIKAWA T, ZAHRA S A, et al., 2014. Market-oriented institutional change and R&D investments: Do business groups enhance advantage?［J］. Journal of world business, 49（4）: 466-475.

CHUNG S, 2014. Environmental regulation and foreign direct investment: evidence from South Korea［J］. Journal of development economics, 108: 222-236.

CIABUSCHI F, FORSGREN M, MARTÍN MARTÍN O, 2011. Rationality vs ignorance: the role of MNE headquarters in subsidiaries' innovation processes［J］. Journal of international business studies, 42（7）: 958-970.

CIABUSCHI F, FORSGREN M, MARTÍN O M, 2017. Value creation at the subsidiary level: testing the MNC headquarters parenting advantage logic［J］. Long range planning, 50（1）: 48-62.

CLEGG L J, VOSS H, TARDIOS J A, 2018. The autocratic advantage: Internationalization of state-owned multinationals［J］. Journal of world business, 53（5）: 668-681.

COAD A, RAO R, 2010. Firm growth and R&D expenditure［J］. Economics of innovation and new technology, 19（2）: 127-145.

COLE M A, 2004. Trade, the pollution haven hypothesis and the environmental Kuznets curve: examining the linkages［J］. Ecological economics, 48（1）: 71-81.

COLE M A, ELLIOTT R J R, 2003. Determining the trade-environment composition effect: the role of capital, labor and environmental regulations［J］. Journal of environmental economics and management, 46（3）: 363-383.

COLE M A, ELLIOTT R J R, FREDRIKSSON P G, 2006. Endogenous pollution havens: Does FDI influence environmental regulations?［J］. Scandinavian journal of economics, 108（1）: 157-178.

COLE M A, ELLIOTT R J R, OKUBO T, 2014. International environmental outsourcing［J］. Review of world economics, 150（4）: 639-664.

COLE M A, ELLIOTT R J R, ZHANG L, 2017. Foreign direct investment and the environment［J］. Annual review of environment and resources，42：465-487.

COLLIS D J, MONTGOMERY C A, 1998. Corporate strategy：a resource-based approach［M］. New York：Irwin, McGraw-Hill.

CONSILVIO M, 2012. The role of patents in the international framework of clean technology transfer：a discussion of barriers and solutions［J］. Intellectual property brief, 3（1）：1.

COPELAND B R, TAYLOR M S, 2004. Trade, growth, and the environment［J］. Journal of economic literature, 42（1）：7-71.

COPELAND B R, TAYLOR M S, 2009. Trade, tragedy, and the commons［J］. American economic review, 99（3）：725-749.

COSTA-CAMPI M T, GARCÍA-QUEVEDO J, MARTÍNEZ-ROS E, 2017. What are the determinants of investment in environmental R&D?［J］. Energy policy, 104：455-465.

CRISCUOLO C, MARTIN R, OVERMAN H, et al., 2019. Some Causal Effects of an Industrial Policy［J］. American economic review, 109（1）：48-85.

CUERVA M C, TRIGUERO-CANO Á, CÓRCOLES D, 2014. Drivers of green and non-green innovation：empirical evidence in Low-Tech SMEs［J］. Journal of cleaner production, 68：104-113.

CUI L, JIANG F, 2012. State ownership effect on firms' FDI ownership decisions under institutional pressure：a study of Chinese outward-investing firms［J］. Journal of international business studies, 43（3）：264-284.

CUMMINGS J L, TENG B S, 2003. Transferring R&D knowledge：the key factors affecting knowledge transfer success［J］. Journal of engineering and technology management, 20（1）：39-68.

DADDI T, FREY M, IRALDO F, 2011. The implementation of an environmental management system in a north-african local public administration：the case of the City Council of Marrakech（Morocco）［J］. Journal of environmental planning and management, 54（6）：813-832.

DADDI T, TESTA F, IRALDO F, 2010. A cluster-based approach as an effective way to implement the environmental compliance assistance programme：

evidence from some good practices [J]. Local environment, 15 (1): 73-82.

DANGELICO R M, 2016. Green product innovation: where we are and where we are going [J]. Business strategy and the environment, 25 (8): 560-576.

DANGELICO R M, PUJARI D, PONTRANDOLFO P, 2017. Green product innovation in manufacturing firms: a sustainability-oriented dynamic capability perspective [J]. Business strategy and the environment, 26 (4): 490-506.

DAUDE C, STEIN E, 2007. The quality of institutions and foreign direct investment [J]. Economics and politics, 19 (3): 317-344.

DAVID P A, HALL B H, TOOLE A A, 2000. Is public R&D a complement or substitute for private R&D? A review of the econometric evidence [J]. Research policy, 29 (4-5): 497-529.

DE BEER P, FRIEND F, 2006. Environmental accounting: A management tool for enhancing corporate environmental and economic performance [J]. Ecological economics, 58 (3): 548-560.

DE FALCO S E, RENZI A, 2015. The role of sunk cost and slack resources in innovation: a conceptual reading in an entrepreneurial perspective [J]. Entrepreneurship research journal, 5 (3): 167-179.

DE MARCHI V, 2012. Environmental innovation and R&D cooperation: empirical evidence from Spanish manufacturing firms [J]. Research policy, 41 (3): 614-623.

DE MARCHI V, GRANDINETTI R, 2013. Knowledge strategies for environmental innovations: the case of Italian manufacturing firms [J]. Journal of knowledge management, 17 (4): 569-582.

DE VILLA M A, RAJWANI T, LAWTON T C, et al., 2019. To engage or not to engage with host governments: corporate political activity and host country political risk [J]. Global strategy journal, 9 (2): 208-242.

DEAN J M, LOVELY M E, WANG H, 2009. Are foreign investors attracted to weak environmental regulations? Evaluating the evidence from China [J]. Journal of development economics, 90 (1): 1-13.

DECHEZLEPRÊTRE A, SATO M, 2017. The impacts of environmental regulations on competitiveness [J]. Review of environmental economics and policy, 11 (2): 183-206.

DEEGAN D, GORDON B, 1996. A study of the environmental disclosure practices of Australian corporations [J]. Accounting and business strategy research, 26 (1): 187-199.

DEL CANTO J G, GONZALEZ I S, 1999. A resource-based analysis of the factors determining a firm's R&D activities [J]. Research policy, 28 (8): 891-905.

DEL RÍO GONZÁLEZ P, 2009. The empirical analysis of the determinants for environmental technological change: a research agenda [J]. Ecological economics, 68 (3): 861-878.

DELEVIC U, HEIM I, 2017. Institutions in transition: is the EU integration process relevant for inward FDI in transition European economies? [J]. Eurasian journal of economics and finance, 5 (1): 16-32.

DEMIREL P, KESIDOU E, 2011. Stimulating different types of eco-innovation in the UK: government policies and firm motivations [J]. Ecological economics, 70 (8): 1546-1557.

DIERICKX I, COOL K, 1989. Asset stock accumulation and sustainability of competitive advantage [J]. Management science, 35 (12): 1504-1511.

DIMAGGIO P, POWELL W W, 1983. The iron cage revisited: collective rationality and institutional isomorphism in organizational fields [J]. American sociological review, 48 (2): 147-160.

DOBSON W, SAFARIAN A E, 2008. The transition from imitation to innovation: an enquiry into China's evolving institutions and firm capabilities [J]. Journal of Asian economics, 19 (4): 301-311.

DONG Y, TIAN J, YE J, 2021. Environmental regulation and foreign direct investment: evidence from China's outward FDI [J]. Finance research letters, 39: 101611.

DU W, LI M, 2020. Influence of environmental regulation on promoting the low-carbon transformation of China's foreign trade: based on the dual margin of export enterprise [J]. Journal of cleaner production, 244: 118687.

DUNCAN R B, 1976. The ambidextrous organization: designing dual structures for innovation [J]. The management of organization, 1 (1): 167-188.

DUNNING J H, 2006. Towards a new paradigm of development: implications for the determinants of international business [J]. Transnational corporations, 15 (1): 173-227.

DURAN P, KOSTOVA T, VAN ESSEN M, 2017. Political ideologies and the internationalization of family-controlled firms [J]. Journal of world business, 52 (4): 474-488.

EDERINGTON J, LEVINSON A, MINIER J, 2005. Footloose and pollution-free [J]. Review of economics and statistics, 87 (1): 92-99.

EIADAT Y, KELLY A, ROCHE F, 2008. Green and competitive? An empirical test of the mediating role of environmental innovation strategy [J]. Journal of world business, 43 (2): 131-145.

EICHNER T, PETHIG R, 2018. Competition in emissions standards and capital taxes with local pollution [J]. Regional science and urban economics, 68: 191-203.

EISENHARDT K M, MARTIN J A, 2000. Dynamic capabilities: what are they? [J]. Strategic management journal, 21 (10-11): 1105-1121.

ELIA S, SANTANGELO G D, 2017. The evolution of strategic asset-seeking acquisitions by emerging market multinationals [J]. International business review, 26 (5): 855-866.

ELLIOTT R J R, ZHOU Y, 2013. Environmental regulation induced foreign direct investment [J]. Environmental and resource economics, 55 (1): 141-158.

ERDOGAN A M, 2014. Foreign direct investment and environmental regulations: a survey [J]. Journal of economic surveys, 28 (5): 943-955.

ESKELAND G S, HARRISON A E, 2003. Moving to greener pastures? Multinationals and the pollution haven hypothesis [J]. Journal of development economics, 70 (1): 1-23.

EVANGELINOS K I, NIKOLAOU I E, 2009. Environmental accounting and the banking sector: a framework for measuring environmental-financial risks [J]. International journal of services sciences, 2 (3-4): 366-380.

FABRIZI A, GUARINI G, MELICIANI V, 2018. Green patents, regulatory policies and research network policies [J]. Research policy, 47 (6): 1018-1031.

FAHAD S, BAI D, LIU L, 2021. Heterogeneous impacts of environmental regulation on foreign direct investment: do environmental regulation affect FDI decisions? [J]. Environmental science and pollution research, 29 (4): 1–13.

FAN R, DONG L, 2018. The dynamic analysis and simulation of government subsidy strategies in low-carbon diffusion considering the behavior of heterogeneous agents [J]. Energy Policy, 117: 252–262.

FAURE M, SVATIKOVA K, 2010. Enforcement of environmental law in the Flemish region [J]. European energy and environmental law review, 19 (2): 60–79.

FEIOCK R, ROWLAND C K, 1990. Environmental regulation and economic development: The movement of chemical production among states [J]. Western political quarterly, 43 (3): 561–576.

FERNáNDEZ-MÉNDEZ L, GARCÍA-CANAL E, GUILLÉN M F, 2015. Legal family and infrastructure voids as drivers of regulated physical infrastructure firms' exposure to governmental discretion [J]. Journal of international management, 21 (2): 135–149.

FERREIRA M P, LI D, SUK J Y, 2009. Foreign entry strategies: strategic adaptation to various facets of the institutional environments [J]. Development and society, 38 (1): 27–55.

FERRIS A E, MCGARTLAND A, COGLIANESE C, et al., 2014. A research agenda for improving the treatment of employment impacts in regulatory impact analysis [J]. Does regulation kill jobs, (34): 170–189.

FISHMAN A, ROB R, 1999. The size of firms and R&D investment [J]. International economic review, 40 (4): 915–931.

FLEMING L, 2001. Recombinant uncertainty in technological search [J]. Management science, 47 (1): 117–132.

FLORIG K, SPOFFORD W, 1994. Economic incentives in China's environmental policy [M]. Washington, DC.

FOSS N J, 1996. Capabilities and the theory of the firm [J]. Revue d économie industrielle, 77 (96–8): 7–28.

FOSS N J, 1997. On the rationales of corporate headquarters [J]. Industrial and corporate change. 6 (2): 313–338.

FRANCO C, MARIN G, 2017. The effect of within-sector, upstream and down-stream environmental taxes on innovation and productivity [J]. Environmental and resource economics, 66 (2): 261-291.

FREDRIKSSON P G, MILLIMET D L, 2002. Is there a "California effect" in US environmental policymaking? [J]. Regional science and urban economics, 32 (6): 737-764.

FRONDEL M, HORBACH J, RENNINGS K, 2007. End-of-pipe or cleaner production? An empirical comparison of environmental innovation decisions across OECD countries [J]. Business strategy and the environment, 16 (8): 571-584.

FÉRES J, REYNAUD A, 2012. Assessing the impact of formal and informal regulations on environmental and economic performance of Brazilian manufacturing firms [J]. Environmental and resource economics, 52 (1): 65-85.

GAO J, JEFFERSON G H, 2007. Science and technology take-off in China? Sources of rising R&D intensity [J]. Asia pacific business review, 13 (3): 357-371.

GAROFALO G A, MALHOTRAS D M, 1995. Effect of environmental regulations on state-level manufacturing capital formation [J]. Journal of regional science, 35 (2): 201-216.

GAUR A S, LU J W, 2007. Ownership strategies and survival of foreign subsidiaries: impacts of institutional distance and experience [J]. Journal of management, 33 (1): 84-110.

GELBUDA M, MEYER K E, DELIOS A, 2008. International business and institutional development in Central and Eastern Europe [J]. Journal of international management, 14 (1): 1-11.

GOSS A, ROBERTS G S, 2011. The impact of corporate social responsibility on the cost of bank loans [J]. Journal of Banking and Finance, 35 (7): 1794-1810.

GRANT R M, 1996. Toward a knowledge-based theory of the firm [J]. Strategic management journal, 17 (s2): 109-122.

GRAVES S B, WADDOCK S A, 1990. Institutional ownership and control: Implications for long-term corporate strategy [J]. Academy of management perspectives, 4 (1): 75-83.

GRAY W B, 1987. The cost of regulation: OSHA, EPA and the productivity slowdownv. The American economic review, 77 (5): 998-1006.

GREANEY T M, LI Y, TU D, 2017. Pollution control and foreign firms' exit behavior in China [J]. Journal of Asian economics, 48: 148-159.

GRECO M, GRIMALDI M, CRICELLI L, 2017. Hitting the nail on the head: exploring the relationship between public subsidies and open innovation efficiency [J]. Technological forecasting and social change, 118: 213-225.

GREWAL R, DHARWADKAR R, 2002. The role of the institutional environment in marketing channels [J]. Journal of marketing, 66 (3): 82-97.

GROSSMAN G, HELPMAN E, SZEIDEL A, 2005. Complementarities between outsourcing and foreign sourcing [J]. American economic review, 95, 19-24.

GUO F, XU Z, 2019. Local governments postures and the actual issuance of urban construction investment bonds in China [J]. Journal of finance and economics, 45 (12): 18-31.

GUO L, QU Y, TSENG M L, 2017. The interaction effects of environmental regulation and technological innovation on regional green growth performance [J]. Journal of cleaner production, 162: 894-902.

GUPTA A K, GOVINDARAJAN V, 2000. Knowledge flows within multinational corporations [J]. Strategic management journal, 21 (4): 473-496.

GUPTA A K, SMITH K G, SHALLEY C E, 2006. The interplay between exploration and exploitation [J]. Academy of management journal, 49 (4): 693-706.

HAAS M R, HANSEN M T, 2005. When using knowledge can hurt performance: the value of organizational capabilities in a management consulting company [J]. Strategic Management Journal, 26 (1): 1-24.

HAMAMOTO M, 2006. Environmental regulation and the productivity of Japanese manufacturing industries [J]. Resource and energy economics, 28 (4): 299-312.

HAO Y, DENG Y, LU Z N, 2018. Is environmental regulation effective in China? Evidence from city-level panel data [J]. Journal of cleaner production, 188: 966-976.

HASPER M, 2007. Green technology in developing countries: creating accessibility through a global exchange forum [J]. Duke law and technology review, 7: 1-13.

HAUSMANN R, HWANG J, RODRIK D, 2007. What you export matters [J]. Journal of economic growth, 12 (1): 1-25.

HE J, 2006. Pollution haven hypothesis and environmental impacts of foreign direct investment: the case of industrial emission of sulfur dioxide (SO_2) in Chinese provinces [J]. Ecological economics, 60 (1): 228-245.

HE L, LIU R, ZHONG Z, et al., 2019. Can green financial development promote renewable energy investment efficiency? A consideration of bank credit [J]. Renewable energy, 143, 974-984.

HEIMERIKS K H, 2010. Confident or competent? How to avoid superstitious learning in alliance portfolios [J]. Long range planning, 43 (1): 57-84.

HENISZ W J, 2003. The power of the Buckley and Casson thesis: the ability to manage institutional idiosyncrasies [J]. Journal of international business studies, 34 (2): 173-184.

HENISZ W J, 2004. The institutional environment for international business [J]. What is international business, (89): 85-109.

HENRY G, SZLEPER L G L, 2010. Intellectual property rights and green technologies [J]. Sustainable technology journal, (10): 2139.

HERAS-SAIZARBITORIA I, LANDÍN G A, MOLINA-AZORÍN J F, 2011. Do drivers matter for the benefits of ISO 14001? [J]. International journal of operations and production management, 31 (2): 192-216.

HOCKERTS K, MORSING M, 2008. A literature review on corporate social responsibility in the innovation process [J]. Copenhagen Business School (CBS), Center for Corporate Social Responsibility, (55): 1-28.

HOFFMAN A J, VENTRESCA M J, 1999. The institutional framing of policy debates: Economics versus the environment [J]. American behavioral scientist, 42 (8): 1368-1392.

HOJNIK J, RUZZIER M, 2016. What drives eco-innovation? A review of an emerging literature [J]. Environmental innovation and societal transitions, 19: 31-41.

HORBACH J, RAMMER C, RENNINGS K, 2012. Determinants of eco-innovations by type of environmental impact: the role of regulatory push/pull, technology push and market pull [J]. Ecological economics, 78: 112-122.

HOSKISSON R E, HITT M A, 1988. Strategic control systems and relative R&D investment in large multiproduct firms [J]. Strategic management journal, 9 (6): 605-621.

HOSKISSON R E, HITT M A, JOHNSON R A, et al., 2002. Conflicting voices: the effects of institutional ownership heterogeneity and internal governance on corporate innovation strategies [J]. Academy of management journal, 45 (4): 697-716.

HOUT T, 2006. The ecology of innovation [J]. China economic quarterly, 34 -38.

HSIEH C T, WOO K T, 2005. The impact of outsourcing to China on Hong Kong's labour market [J]. American economic review, 95 (5): 1673-1687.

HU B, MCKITRICK R, 2016. Decomposing the environmental effects of trade liberalization: the case of consumption-generated pollution [J]. Environmental and resource economics, 64 (2): 205-223.

HU J, WANG Z, LIAN Y, et al., 2018. Environmental regulation, foreign direct investment and green technological progress-evidence from Chinese manufacturing industries [J]. International journal of environmental research and public health, 15 (2): 221.

HUANG Z, LIAO G, LI Z, 2019. Loaning scale and government subsidy for promoting green innovation [J]. Technological forecasting and social change, 144: 148-156.

ILINITCH A Y, SODERSTROM N S, THOMAS T E, 1998. Measuring corporate environmental performance [J]. Journal of accounting and public policy, 17 (4-5): 383-408.

JAFFE A B, PALMER K, 1997. Environmental regulation and innovation: a panel data study [J]. Review of economics and statistics, 79 (4): 610-619.

JAFFE A B, PETERSON S R, PORTNEY P R, et al., 1995. Environmental regulation and the competitiveness of US manufacturing: what does the evidence tell us? [J]. Journal of economic literature, 33 (1): 132-163.

JAMES B E, VAALER P M, 2018. Minority rules: credible state ownership and investment risk around the world [J]. Organization science, 29 (4): 653-677.

JANSSON J, NILSSON J, MODIG F, et al., 2017. Commitment to sustainability in small and medium-sized enterprises: the influence of strategic orientations and management values [J]. Business strategy and the environment, 26 (1): 69-83.

JEPPESEN S, HANSEN M W, 2004. Environmental upgrading of third world enterprises through linkages to transnational corporations. Theoretical perspectives and preliminary evidence [J]. Business strategy and the environment, 13 (4): 261-274.

JIANG Z, WANG Z, LI Z, 2018. The effect of mandatory environmental regulation on innovation performance: evidence from China [J]. Journal of cleaner production, 203: 482-491.

JIAO H, KOO C K, CUI Y, 2015. Legal environment, government effectiveness and firms' innovation in China: examining the moderating influence of government ownership [J]. Technological forecasting and social change, 96: 15-24.

JIN P, 2016. Health and health care in Chinese government manifestos: a content analysis of the Report on the Work of the Government from 1954 to 2016 [J]. The lancet, 388: s43.

JOHNSTONE N, MANAGI S, RODRÍGUEZ M C, et al., 2017. Environmental policy design, innovation and efficiency gains in electricity generation [J]. Energy economics, 63: 106-115.

JOHNSTONE N, HAŠČIČ I, POPP D, 2010. Renewable energy policies and technological innovation: evidence based on patent counts [J]. Environmental and resource economics, 45 (1): 133-155.

KANG H, JUNG S Y, LEE H, 2020. The impact of Green Credit Policy on manufacturers' efforts to reduce suppliers' pollution [J]. Journal of cleaner production, 248: 119271.

KARVONEN M M, 2000. Environmental accounting as a tool for SMEs in environmentally induced economic risk analysis [J]. Eco-Management and auditing: the journal of corporate environmental management, 7 (1): 21-28.

KATHURIA V, 2007. Informal regulation of pollution in a developing country: evidence from India [J]. Ecological economics, 63 (2-3): 403-417.

KAUFMANN L, ROESSING S, 2005. Managing conflict of interests between headquarters and their subsidiaries regarding technology transfer to emerging markets-a framework [J]. Journal of world business, 40 (3): 235-253.

KESIDOU E, DEMIREL P, 2012. On the drivers of eco-innovations: empirical evidence from the UK [J]. Research policy, 41 (5): 862-870.

KIM H, PARK S Y, 2012. The relation between cash holdings and R&D expenditures according to ownership structure [J]. Eurasian business review, 2 (2): 25-42.

KIM J, WILSON J D, 1997. Capital mobility and environmental standards: racing to the bottom with multiple tax instruments [J]. Japan and the world economy, 9 (4): 537-551.

KIM W C, HWANG P, 1992. Global strategy and multinationals' entry mode choice [J]. Journal of international business studies, 23 (1): 29-53.

KIM Y, RHEE D E, 2019. Do stringent environmental regulations attract foreign direct investment in developing countries? Evidence on the "Race to the Top" from cross-country panel data [J]. Emerging markets finance and trade, 55 (12): 2796-2808.

KLEER R, 2010. Government R&D subsidies as a signal for private investors [J]. Research policy, 39 (10): 1361-1374.

KNELLER R, MANDERSON E, 2012. Environmental regulations and innovation activity in UK manufacturing industries [J]. Resource and energy economics, 34 (2): 211-235.

KOCHHAR R, DAVID P, 1996. Institutional investors and firm innovation: a test of competing hypotheses [J]. Strategic management journal, 17 (1): 73-84.

KOSTOVA T, ROTH K, 2002. Adoption of an organizational practice by subsidiaries of multinational corporations: institutional and relational effects [J]. Academy of management journal, 45 (1): 215-233.

KOTABE M, MUDAMBI R, 2009. Global sourcing and value creation: opportunities and challenges [J]. Journal of international management, 2 (15):

121-125.

KRAMMER S M S, 2015. Do good institutions enhance the effect of technological spillovers on productivity? Comparative evidence from developed and transition economies [J]. Technological forecasting and social change, 94: 133-154.

LAEVEN L, 2003. Does financial liberalization reduce financing constraints? [J]. Financial management, 32 (1): 5-34.

LANE E, 2009. Clean tech reality check: nine international green technology transfer deals unhindered by intellectual property rights [J]. Santa clara computer and high technology 26: 533.

LANGPAP C, SHIMSHACK J P, 2010. Private citizen suits and public enforcement: substitutes or complements? [J]. Journal of environmental economics and management, 59 (3): 235-249.

LANJOUW J O, MODY A, 1996. Innovation and the international diffusion of environmentally responsive technology [J]. Research policy, 25 (4): 549-571.

LEE K D, LEE W, KANG K, 2014. Pollution haven with technological externalities arising from foreign direct investment [J]. Environmental and resource economics, 57 (1): 1-18.

LEE Y S, ROSENSTEIN S, WYATT J G, 1999. The value of financial outside directors on corporate boards [J]. International review of economics and finance, 8 (4): 421-431.

LEITER A M, PAROLINI A, WINNER H, 2011. Environmental regulation and investment: evidence from European industry data [J]. Ecological economics, 70 (4): 759-770.

LEVINSON A, TAYLOR M S, 2008. Unmasking the pollution haven effect [J]. International economic review, 49 (1): 223-254.

LI D, HUANG M, REN S, 2018a. Environmental legitimacy, green innovation, and corporate carbon disclosure: evidence from CDP China 100 [J]. Journal of business ethics, 150 (4): 1089-1104.

LI D, ZHAO Y, ZHANG L, et al., 2018b. Impact of quality management on green innovation [J]. Journal of cleaner production, 170: 462-470.

LI D, ZHENG M, CAO C, 2017. The impact of legitimacy pressure and corporate profitability on green innovation: evidence from China top 100 [J]. Journal of cleaner production, 141: 41–49.

LI K, LIN B, 2016. Impact of energy conservation policies on the green productivity in China's manufacturing sector: evidence from a three-stage DEA model [J]. Applied energy, 168: 351–363.

LI W, GU Y, LIU F, et al., 2019. The effect of command-and-control regulation on environmental technological innovation in China: a spatial econometric approach [J]. Environmental science and pollution research, 26 (34): 34789–34800.

LI Z, LIAO G, WANG Z, et al., 2018c. Green loan and subsidy for promoting clean production innovation [J]. Journal of cleaner production, 187: 421–431.

LIN Y H, CHEN Y S, 2017. Determinants of green competitive advantage: the roles of green knowledge sharing, green dynamic capabilities, and green service innovation [J]. Quality and quantity, 51 (4): 1663–1685.

LIST J A, 2001. US county-level determinants of inbound FDI: evidence from a two-step modified count data model [J]. International journal of industrial organization, 19 (6): 953–973.

LIU J Y, XIA Y, FAN Y, et al., 2017. Assessment of a green credit policy aimed at energy-intensive industries in China based on a financial CGE model [J]. Journal of cleaner production, 163: 293–302.

LIU J, XIE J, 2020. Environmental regulation, technological innovation, and export competitiveness: an empirical study based on China's manufacturing industry [J]. International journal of environmental research and public health, 17 (4): 1427.

LIU Q, WANG S, ZHANG W, et al., 2018. Does foreign direct investment affect environmental pollution in China's cities? A spatial econometric perspective [J]. Science of the total environment, 613: 521–529.

LIU X, WANG E, CAI D, 2019. Green credit policy, property rights and debt financing: quasi-natural experimental evidence from China [J]. Finance research letters, 29: 129–135.

LJUNGWALL C, LINDE-RAHR M, 2005. Environmental policy and the location of foreign direct investment in China [J]. Governance working papers, (15): 220.

LORD M D, RANFT A L, 2000. Organizational learning about new international markets: exploring the internal transfer of local market knowledge [J]. Journal of international business studies, 31 (4): 573-589.

LOVELY M, POPP D, 2011. Trade, technology, and the environment: does access to technology promote environmental regulation? [J]. Journal of environmental economics and management, 61 (1): 16-35.

LU J, LIU X, FILATOTCHEV I, et al., 2014. The impact of domestic diversification and top management teams on the international diversification of Chinese firms [J]. International business review, 23 (2): 455-467.

LUBINSKI C, WADHWANI R D, 2020. Geopolitical jockeying: economic nationalism and multinational strategy in historical perspective [J]. Strategic management journal, 41 (3): 400-421.

LUO Y, ZHANG H, BU J, 2019. Developed country MNEs investing in developing economies: progress and prospect [J]. Journal of international business studies, 50 (4): 633-667.

LUOMA P, GOODSTEIN J, 1999. Stakeholders and corporate boards: institutional influences on board composition and structure [J]. Academy of management journal, 42 (5): 553-563.

LUTHANS F, STEWART T I, 1977. A general contingency theory of management [J]. Academy of management review, 2 (2): 181-195.

MA X, WANG C, DONG B, 2019. Carbon emissions from energy consumption in China: its measurement and driving factors [J]. Science of the total environment, 648: 1411-1420.

MAGAT W A, 1978. Pollution control and technological advance: a dynamic model of the firm [J]. Journal of environmental economics and management, 5 (1): 1-25.

MAHENDRA E, ZUHDI U, MUYANTO R, 2015. Determinants of firm innovation in Indonesia: the role of institutions and access to finance [J]. Economics and finance in indonesia, 61 (3): 149-179.

MANDERSON E, KNELLER R, 2012. Environmental regulations, outward FDI and heterogeneous firms: are countries used as pollution havens? [J]. Environmental and resource economics, 3: 317-352.

MANOLOPOULOS D, PAPANASTASSIOU M, PEARCE R, 2005. Technology sourcing in multinational enterprises and the roles of subsidiaries: an empirical investigation [J]. International business review, 14 (3): 249-267.

MARCUS A, GEFFEN D, 1998. The dialectics of competency acquisition: pollution prevention in electric generation [J]. Strategic management journal, 19 (12): 1145-1168.

MARDANI A, NIKOOSOKHAN S, MORADI M, et al., 2018. The relationship between knowledge management and innovation performance [J]. The journal of high technology management research, 29 (1): 12-26.

MARTÍNEZ-ROS E, KUNAPATARAWONG R, 2019. Green innovation and knowledge: the role of size [J]. Business strategy and the environment, 28 (6): 1045-1059.

MARTÍN-TAPIA I, ARAGÓN-CORREA J A, RUEDA-MANZANARES A, 2010. Environmental strategy and exports in medium, small and micro-enterprises [J]. Journal of world business, 45 (3): 266-275.

MATTEN D, MOON J, 2008. "Implicit" and "explicit" CSR: a conceptual framework for a comparative understanding of corporate social responsibility [J]. Academy of management review, 33 (2): 404-424.

MCELWEE C, 2010. Environmental law in China: mitigating risk and ensuring compliance [M]. Oxford: Oxford University Press.

METZ B, DAVIDSON O R, TURKSON J K. et al., 2000. Methodological and technological issues in technology transfer: a special report of the intergovernmental panel on climate change [M]. Cambridge: Cambridge University Press.

MEULEMAN M, DE MAESENEIRE W, 2012. Do R&D subsidies affect SMEs' access to external financing? [J]. Research policy, 41 (3): 580-591.

MEYER K E, 2004. Perspectives on multinational enterprises in emerging economies [J]. Journal of international business studies, 35 (4): 259-276.

MEYER K, DING Y, LI J, et al., 2014. Overcoming distrust: how state-owned enterprises adapt their foreign entries to institutional pressures [J]. Journal of international business studies, 45 (8): 1005-1028.

MEZIAS J M, 2002. How to identify liabilities of foreignness and assess their effects on multinational corporations [J]. Journal of international management, 8 (3): 265-282.

MILES M P, ARNOLD D R, 1991. The relationship between marketing orientation and entrepreneurial orientation [J]. Entrepreneurship theory and practice, 15 (4): 49-66.

MILLER D, FRIESEN P H, 1982. Innovation in conservative and entrepreneurial firms: two models of strategic momentum [J]. Strategic management journal, 3 (1): 1-25.

MILLER S, 2014. Indirectly induced innovation: consequences for environmental policy analysis [J]. Economic journal, (67): 1-43.

MILLET-REYES B, 2004. R&D intensity and financing constraints [J]. The journal of business and economic studies, 10 (2): 38.

MINTZBERG H, 1978. Patterns in strategy formation [J]. Management science, 24 (9): 934-948.

MOL A P J, CARTER N T, 2006. China's environmental governance in transition [J]. Environmental politics, 15 (2): 149-170.

MUDAMBI R, NAVARRA P, 2015. Is knowledge power? Knowledge flows, subsidiary power and rent-seeking within MNCs [J]. The eclectic paradigm, (120): 157-191.

MUDAMBI R, 1999. Multinational investment attraction: principal-agent considerations [J]. International journal of the economics of business, 6 (1): 65-79.

MUHAMMAD B, KHAN S, 2019. Effect of bilateral FDI, energy consumption, CO_2 emission and capital on economic growth of Asia countries [J]. Energy reports, 5: 1305-1315.

MUKHERJEE A, AGRAWAL M, 2017. World air particulate matter: sources, distribution and health effects [J]. Environmental chemistry letters, 15 (2): 283-309.

MUSCIO A, NARDONE G, STASI A, 2017. How does the search for knowledge drive firms' eco-innovation? Evidence from the wine industry [J]. Industry and innovation, 24 (3): 298-320.

NADVI K, 2008. Global standards, global governance and the organization of global value chains [J]. Journal of economic geography, 8 (3): 323-343.

NAIR A K S, BHATTACHARYYA S S, 2019. Mandatory corporate social responsibility in India and its effect on corporate financial performance: perspectives from institutional theory and resource-based view [J]. Business strategy and development, 2 (2): 106-116.

NANDY M, LODH S, 2012. Do banks value the eco-friendliness of firms in their corporate lending decision? Some empirical evidence [J]. International review of financial analysis, 25: 83-93.

NILASHI M, RUPANI P F, RUPANI M M, et al., 2019. Measuring sustainability through ecological sustainability and human sustainability: a machine learning approach [J]. Journal of cleaner production, 240: 118162.

NITTA I, 2005. Green Intellectual Property: a tool for greening a society [J]. Ecological economics, (33).

NOCI G, VERGANTI R, 1999. Managing "green" product innovation in small firms [J]. R&D management, 29 (1): 3-15.

NORTH D C, 1990. Institutions, institutional change and economic firm value [M]. Cambridge: Cambridge University Press.

NORTH D C, 1994. Economic performance through time [J]. American economic review, 84 (3): 359-368.

OCKWELL D G, HAUM R, MALLETT A, et al., 2010. Intellectual property rights and low carbon technology transfer: conflicting discourses of diffusion and development [J]. Global environmental change, 20 (4): 729-738.

OETZEL J, MIKLIAN J, 2017. Multinational enterprises, risk management, and the business and economics of peace [J]. Multinational business review, 25 (4): 270-286.

OLIVER C, 1991. Strategic responses to institutional processes [J]. Academy of management review, 16 (1): 145-179.

OLLIVIER H, 2016. North-south trade and heterogeneous damages from local and global pollution [J]. Environmental and resource economics, 65 (2): 337-355.

OLTRA V, KEMP R, DE VRIES F P, 2010. Patents as a measure for eco-innovation [J]. International journal of environmental technology and management, 13 (2): 130-148.

OOI K B, 2014. A facilitator to enhance knowledge management? a structural analysis [J]. Expert systems with applications, 41 (11): 5167-5179.

OUYANG X, LI Q, DU K, 2020. How does environmental regulation promote technological innovations in the industrial sector? Evidence from Chinese provincial panel data [J]. Energy policy, 139: 111310.

PAAVOLA J, 2007. Institutions and environmental governance: a reconceptualization [J]. Ecological economics, 63 (1): 93-103.

PAN X, AI B, LI C, et al., 2019. Dynamic relationship among environmental regulation, technological innovation and energy efficiency based on large scale provincial panel data in China [J]. Technological forecasting and social change, 144: 428-435.

PARAMATI S R, APERGIS N, UMMALLA M, 2018. Dynamics of renewable energy consumption and economic activities across the agriculture, industry, and service sectors: evidence in the perspective of sustainable development [J]. Environmental science and pollution research, 25 (2): 1375-1387.

PARGAL S, WHEELER D, 1996. Informal regulation of industrial pollution in developing countries: evidence from Indonesia [J]. Journal of political economy, 104 (6): 1314-1327.

PARK Y, SHIN J, KIM T, 2010. Firm size, age, industrial networking, and growth: a case of the Korean manufacturing industry [J]. Small business economics, 35 (2): 153-168.

PASURKA C, 2008. Perspectives on pollution abatement and competitiveness: theory, data, and analyses [J]. Review of environmental economics and policy, 2 (2): 194-218.

PATANAKUL P, PINTO J K, 2014. Examining the roles of government policy on innovation [J]. Journal of high technology management research, 25: 97-107.

PATNAIK S, 2019. A cross-country study of collective political strategy: greenhouse gas regulations in the European Union [J]. Journal of international business studies, 50 (7): 1130-1155.

PATTIT J M, RAJ S P, WILEMON D, 2012. An institutional theory investigation of US technology development trends since the mid-19th century [J]. Research policy, 41 (2): 306-318.

PAVITT K, PATEL P, 1999. Global corporations and national systems of innovation who dominates whom [J]. Innovation policy in a global economy, 94-119.

PENG M W, 2003. Institutional transitions and strategic choices [J]. Academy of management review, 28 (2): 275-296.

PENG M W, LUO Y, 2000. Managerial ties and firm performance in a transition economy: the nature of a micro-macro link [J]. Academy of management journal, 43 (3): 486-501.

PENG M W, WANG D Y L, JIANG Y, 2008. An institution-based view of international business strategy: a focus on emerging economies [J]. Journal of international business studies, 39 (5): 920-936.

PEREZ Y S, 2012. The Green Patents as a way of addressing environmental issues [J]. Journal of public interest, 1 (2): 1-10.

PERSSON M, 2006. The impact of operational structure, lateral integrative mechanisms and control mechanisms on intra-MNE knowledge transfer [J]. International business review, 15 (5): 547-569.

PINDADO J, DE QUEIROZ V, DE LA TORRE C, 2015. How do country-level governance characteristics impact the relationship between R&D and firm value? [J]. R&D management, 45 (5): 515-526.

PORTER M E, LINDE C V D, 1995. Green and competitive: ending the stalemate [J]. Harvard business review, 73 (5): 120-134.

PORTER M E, LINDE C V D, 1995. Toward a new conception of the environment-competitiveness relationship [J]. Journal of economic perspectives, 9 (4): 97-118.

PORTER M E, 1991. America's green strategy [J]. Scientific the netherlands, 168: 45.

PRAJOGO D, TANG A K Y, LAI K, 2012. Do firms get what they want from ISO 14001 adoption? An Australian perspective [J]. Journal of cleaner production, 33: 117-126.

QI G Y, SHEN L Y, ZENG S X, et al., 2010. The drivers for contractors' green innovation: an industry perspective [J]. Journal of cleaner production, 18 (14): 1358-1365.

QIU X, LI H, 2009. China's environmental super ministry reform: background, challenges, and the future. Environmental Law Report [J]. News and analysis, 39: 10152.

QUINN K M, MONROE B L, COLARESI M, et al., 2010. How to analyze political attention with minimal assumptions and costs [J]. American journal of political science, 54 (1): 209-228.

RAMANATHAN R, BLACK A, NATH P, et al., 2010. Impact of environmental regulations on innovation and performance in the UK industrial sector [J]. Management decision, 48 (10): 1493-1513.

RAMANATHAN R, HE Q, BLACK A, et al., 2017. Environmental regulations, innovation and firm performance: a revisit of the Porter hypothesis [J]. Journal of cleaner production, 155: 79-92.

RANA M B, SØRENSEN O J, 2021. Levels of legitimacy development in internationalization: multinational enterprise and civil society interplay in institutional void [J]. Global strategy journal, 11 (2): 269-303.

RASLI A M, QURESHI M I, ISAH-CHIKAJI A, et al., 2018. New toxics, race to the bottom and revised environmental Kuznets curve: the case of local and global pollutants [J]. Renewable and sustainable energy reviews, 81: 3120-3130.

RASSIER D G, EARNHART D, 2015. Effects of environmental regulation on actual and expected profitability [J]. Ecological economics, 112: 129-140.

REDDY N M, ZHAO L, 1990. International technology transfer: a review [J]. Research policy, 19 (4): 285-307.

REGNÉR P, EDMAN J, 2014. MNE institutional advantage: how subunits shape, transpose and evade host country institutions [J]. Journal of international business studies, 45 (3): 275-302.

REHFELD K M, RENNINGS K, ZIEGLER A, 2007. Integrated product policy and environmental product innovations: an empirical analysis [J]. Ecological economics, 61 (1): 91-100.

REN S, LI X, YUAN B, et al., 2018. The effects of three types of environmental regulation on eco-efficiency: a cross-region analysis in China [J]. Journal of cleaner production, 173: 245-255.

REZZA A A, 2013. FDI and pollution havens: evidence from the Norwegian manufacturing sector [J]. Ecological economics, 90: 140-149.

REZZA A A, 2015. A meta-analysis of FDI and environmental regulations [J]. Environment and development economics, 20 (2): 185-208.

RIVERA J, OH C H, 2013. Environmental regulations and multinational corporations' foreign market entry investments [J]. Policy studies journal, 41 (2): 243-272.

ROPER S, VAHTER P, LOVE J H, 2013. Externalities of openness in innovation [J]. Research policy, 42 (9): 1544-1554.

ROY J P, OLIVER C, 2009. International joint venture partner selection: the role of the host-country legal environment [J]. Journal of international business studies, 40 (5): 779-801.

RUBASHKINA Y, GALEOTTI M, VERDOLINI E, 2015. Environmental regulation and competitiveness: empirical evidence on the Porter Hypothesis from European manufacturing sectors [J]. Energy policy, 83: 288-300.

RUMELT R, 1975. Strategy, structure, and economic performance [J]. Journal of behavioral economics, 19 (2): 91-92

RUSSO M V, FOUTS P A, 1997. A resource-based perspective on corporate environmental performance and profitability [J]. Academy of management journal, 40 (3): 534-559.

RÜBBELKE D T G, WEISS P, 2011. Environmental regulations, market structure and technological progress in renewable energy technology: a panel data study on wind turbines [J]. FEEM Working Paper (32): 110-119.

SAHI G K, GUPTA M C, CHENG T C E, 2020. The effects of strategic orientation on operational ambidexterity: a study of indian SMEs in the industry 4.0 era [J]. International journal of production economics, 220, 107395.

SAUNILA M, UKKO J, RANTALA T, 2018. Sustainability as a driver of green innovation investment and exploitation [J]. Journal of cleaner production, 179: 631-641.

SCHLEGELMILCH B B, CHINI T C, 2003. Knowledge transfer between marketing functions in multinational companies: a conceptual model [J]. International business review, 12 (2): 215-232.

SCOTT A, 1990. Ideology and the new social movements [M]. Sydney: Allen & Unwin Australia.

SCOTT W R, 1987. The adolescence of institutional theory [J]. Administrative science quarterly, 32 (4): 493-511.

SCOTT W R, 1995. Institutions and organizations [M]. Thousand Oaks: Sage.

SEN S, 2015. Corporate governance, environmental regulations, and technological change [J]. European economic review, 80: 36-61.

SERRANO-CINCA C, GUTIÉRREZ-NIETO B, REYES N M, 2016. A social and environmental approach to microfinance credit scoring [J]. Journal of cleaner production, 112: 3504-3513.

SHARMA S, 2000. Managerial interpretations and organizational context as predictors of corporate choice of environmental strategy [J]. Academy of management journal, 43 (4): 681-697.

SHEN N, LIU F, 2012. Can intensive environmental regulation promote technological innovation? porter hypothesis reexamined [J]. China soft science, 4: 49.

SHI C, SHI Q, GUO F, 2019. Environmental slogans and action: the rhetoric of local government work reports in China [J]. Journal of cleaner production, 238: 117886.

SIVA V, GREMYR I, BERGQUIST B, et al., 2016. The support of Quality Management to sustainable development: a literature review [J]. Journal of cleaner production, 138: 148-157.

SNOW C C, HAMBRICK D C, 1980. Measuring organizational strategies: some theoretical and methodological problems [J]. Academy of management review, 5 (4): 527-538.

SONG M, TAO J, WANG S, 2015. FDI, technology spillovers and green innovation in China: analysis based on Data Envelopment Analysis [J]. Annals of operations research, 228 (1): 47-64.

SONG M, WANG S, SUN J, 2018. Environmental regulations, staff quality, green technology, R&D efficiency, and profit in manufacturing [J]. Technological forecasting and social change, 133: 1-14.

SONG Y, YANG T, ZHANG M, 2019. Research on the impact of environmental regulation on enterprise technology innovation: an empirical analysis based on Chinese provincial panel data [J]. Environmental science and pollution research, 26 (21): 21835-21848.

STIGLITZ J E, WEISS A, 1981. Credit rationing in markets with imperfect information [J]. The American economic review, 71 (3): 393-410.

STINCHCOMBE A L, 2000. Social structure and organizations [M]. Bradford: Emerald Group Publishing Limited.

STOPFORD J M, 2003. Organizational learning as guided responses to market [J]. Handbook of organizational learning and knowledge, (23): 264.

SZCZYGIELSKI K, GRABOWSKI W, PAMUKCU M T, et al., 2017. Does government support for private innovation matter? Firm-level evidence from two catching-up countries [J]. Research policy, 46 (1): 219-237.

SØRENSEN J B, STUART T E, 2000. Aging, obsolescence, and organizational innovation [J]. Administrative science quarterly, 45 (1): 81-112.

TALLMAN S B, 1991. Strategic management models and resource-based strategies among MNEs in a host market [J]. Strategic management journal, 12 (s1): 69-82.

TANG J, 2015. Testing the pollution haven effect: Does the type of FDI matter? [J]. Environmental and resource economics, 60 (4): 549-578.

TANG K, GONG C, WANG D, 2016. Reduction potential, shadow prices, and pollution costs of agricultural pollutants in China [J]. Science of the total environment, 541: 42-50.

TANG K, HAILU A, YANG Y, 2020. Agricultural chemical oxygen demand mitigation under various policies in China: a scenario analysis [J]. Journal of cleaner production, 250: 119513.

TANG K, HE C, MA C, 2019. Does carbon farming provide a cost-effective option to mitigate GHG emissions? Evidence from China [J]. Australian journal of agricultural and resource economics, 63 (3): 575-592.

TANG M, WALSH G, LERNER D, et al., 2018. Green innovation, managerial concern and firm performance: an empirical study [J]. Business strategy and the environment, 27 (1): 39-51.

TAO J, MAH D N, 2009. Between market and state: dilemmas of environmental governance in China's sulphur dioxide emission trading system [J]. Environment and planning c: government and policy, 27 (1): 175-188.

TEECE D J, 1977. Technology transfer by multinational firms: the resource cost of transferring technological know-how [J]. Economic journal, 87 (346): 242-261.

TESTA F, IRALDO F, FREY M, 2011. The effect of environmental regulation on firms' competitive performance: the case of the building & construction sector in some EU regions [J]. Journal of environmental management, 92 (9): 2136-2144.

TESTA F, STYLES D, IRALDO F, 2012. Case study evidence that direct regulation remains the main driver of industrial pollution avoidance and may benefit operational efficiency [J]. Journal of cleaner production, 21 (1): 1-10.

THOMPSON P, 1998. Assessing the environmental risk exposure of UK banks [J]. International journal of bank marketing, 16 (3): 129-139.

THOMPSON P, COWTON C J, 2004. Bringing the environment into bank lending: implications for environmental reporting [J]. The British accounting review, 36 (2): 197-218.

TOMIURA, E, 2007. Foreign outsourcing, exporting, and FDI: a productivity comparison at the firm level [J]. Journal of international economics, 72 (1): 113-127.

TSANG E W K, YIP P S L, TOH M H, 2008. The impact of R&D on value added for domestic and foreign firms in a newly industrialized economy [J]. International business review, 17 (4): 423-441.

VANDERMEULEN B, DEWULF W, DUFLOU J, et al., 2003. The use of performance indicators for environmental assessment within the railway business: the RAVEL workbench prototype, a web-based tool [J]. Journal of cleaner production, 11: 779-785.

VARSAKELIS N C, 2006. Education, political institutions and innovative activity: a cross-country empirical investigation [J]. Research policy, 35 (7):

1083-1090.

VERMEULEN P A M, VAN DEN BOSCH F A J, VOLBERDA H W, 2007. Complex incremental product innovation in established service firms: a micro institutional perspective [J]. Organization studies, 28 (10): 1523-1546.

WAARDEN V F, 2001. Institutions and innovation: the legal environment of innovating firms [J]. Organization studies, 22 (5): 765-795.

WAGNER M, 2007. On the relationship between environmental management, environmental innovation and patenting: evidence from German manufacturing firms [J]. Research policy, 36 (10): 1587-1602.

WAKELIN K, 1998. Innovation and export behaviour at the firm level [J]. Research policy, 26 (7-8): 829-841.

WALTER I, UGELOW J L, 1979. Environmental policies in developing countries [J]. Ambio, (84): 102-109.

WAN W P, HOSKISSON R E, 2003. Home country environments, corporate diversification strategies, and firm performance [J]. Academy of management journal, 46 (1): 27-45.

WANG A, 2013. The search for sustainable legitimacy: environmental law and bureaucracy in China [J]. Harvard environmental law review, 37: 365.

WANG C, YI J, KAFOUROS M, et al., 2015. Under what institutional conditions do business groups enhance innovation performance? [J]. Journal of business research, 68 (3): 694-702.

WANG Q, QU J, WANG B, et al., 2019. Green technology innovation development in China in 1990—2015 [J]. Science of the total environment, 696: 134008.

WANG Y, LI J, FURMAN J L 2017. Firm performance and state innovation funding: evidence from China's innofund program [J]. Research policy, 46: 1142-1161.

WANG Z, 2017. Government work reports: securing state legitimacy through institutionalization [J]. The China quarterly, 229: 195-204.

WANG Z, ZHANG B, ZENG H, 2016. The effect of environmental regulation on external trade: empirical evidences from Chinese economy [J]. Journal of cleaner production, 114: 55-61.

WEBER O, 2012. Environmental credit risk management in banks and financial service institutions [J]. Business strategy and the environment, 21 (4): 248-263.

WEERAWARDENA J, O'CASS A, JULIAN C, 2006. Does industry matter? Examining the role of industry structure and organizational learning in innovation and brand performance [J]. Journal of business research, 59 (1): 37-45.

WEI J, LIU Y, 2015. Government support and firm innovation performance: empirical analysis of 343 innovative enterprises in China [J]. Chinese management studies, 9 (1): 38-55.

WEICK K E, 2001. Making sense of the organization [M]. Oxford: Blackwell.

WEN H, DAI J, 2020. Trade openness, environmental regulation, and human capital in China: based on ARDL cointegration and granger causality analysis [J]. Environmental science and pollution research, 27 (2): 1789-1799.

WIERSEMA M F, BANTEL K A, 1992. Top management team demography and corporate strategic change [J]. Academy of management journal, 35 (1): 91-121.

WIESER R, 2005. Research and development productivity and spillovers: empirical evidence at the firm level [J]. Journal of economic surveys, 19 (4): 587-621.

WONG S M, 2012. Environmental initiatives and the role of the USPTO's green technology pilot program [J]. Marquette intellectual property law review, 16 (1): 233-257.

WU G C, 2013. The influence of green supply chain integration and environmental uncertainty on green innovation in Taiwan's IT industry [J]. Supply chain management, 18 (5): 539-552.

WU J, MA C, TANG K, 2019. The static and dynamic heterogeneity and determinants of marginal abatement cost of CO_2 emissions in Chinese cities [J]. Energy, 178: 685-694.

WU X Y, CHEN Y, LI X L, et al., 2017. R&D investment, government subsidies and corporate value of strategic emerging industries [J]. Science research management, 38 (9): 30.

XIE X, HUO J, ZOU H, 2019. Green process innovation, green product innovation, and corporate financial performance: a content analysis method [J]. Journal of business research, 101: 697-706.

XU B, 2000. Multinational enterprises, technology diffusion, and host country productivity growth [J]. Journal of development economics, 62 (2): 477-493.

XU C, HONG J, REN Y, et al., 2015. Approaches for controlling air pollutants and their environmental impacts generated from coal-based electricity generation in China [J]. Environmental science and pollution research, 22 (16): 12384-12395.

XU H B, 2017. Tax incentives, R&D investment and corporate performance: an empirical study based on high-tech enterprises in Dalian [J]. Review of finance, 12: 139-148

XU X, LI J, 2020. Asymmetric impacts of the policy and development of green credit on the debt financing cost and maturity of different types of enterprises in China [J]. Journal of cleaner production, 264: 121574.

YABAR H, UWASU M, HARA K, 2013. Tracking environmental innovations and policy regulations in Japan: case studies on dioxin emissions and electric home appliances recycling [J]. Journal of cleaner production, 44: 152-158.

YANG C H, TSENG Y H, CHEN C P, 2012. Environmental regulations, induced R&D, and productivity: evidence from Taiwan's manufacturing industries [J]. Resource and energy economics, 34 (4): 514-532.

YANG L, MASKUS K E, 2009. Intellectual property rights, technology transfer and exports in developing countries [J]. Journal of development economics, 90 (2): 231-236.

YANG L, TANG K, WANG Z, et al., 2017. Regional eco-efficiency and pollutants' marginal abatement costs in China: a parametric approach [J]. Journal of cleaner production, 167: 619-629.

YANG Y, NIU G, TANG D, et al., 2018. Does Environmental regulation affect the introduction of foreign direct investment in China? Empirical Research based on the spatial durbin model [J]. Polish journal of environmental studies, 28 (1): 415-424.

YAPRAK A, XU S, CAVUSGIL E, 2011. Effective global strategy implementation [J]. Management international review, 51 (2): 179-192.

YI J, WANG C, KAFOUROS M, 2013. The effects of innovative capabilities on exporting：do institutional forces matter? ［J］. International business review, 22 (2)：392-406.

YODER L, WARD A S, DALRYMPLE K, et al., 2019. An analysis of conservation practice adoption studies in agricultural human-natural systems ［J］. Journal of environmental management, 236：490-498.

YU Y, SONG C, 2017. Economic growth target constraint and environmental pollution：evidence form 230 cities' government working reports ［J］. Nanjing university of finance and economics, (77)：45-53.

YUAN B, XIANG Q, 2018. Environmental regulation, industrial innovation and green development of Chinese manufacturing：based on an extended CDM model ［J］. Journal of cleaner production, 176：895-908.

YUSR M M, MOKHTAR S S M, OTHMAN A R, et al., 2017. Does interaction between TQM practices and knowledge management processes enhance the innovation performance? ［J］. International journal of quality & reliability management, 34 (7)：955-974.

ZAJAC E J, KRAATZ M S, BRESSER R K F, 2000. Modeling the dynamics of strategic fit：a normative approach to strategic change ［J］. Strategic management journal, 21 (4)：429-453.

ZHANG B, WANG Z, LAI K, 2015. Mediating effect of managers' environmental concern：bridge between external pressures and firms' practices of energy conservation in China ［J］. Journal of environmental psychology, 43：203-215.

ZHANG B, YANG Y, BI J, 2011. Tracking the implementation of green credit policy in China：top-down perspective and bottom-up reform ［J］. Journal of environmental management, 92 (4)：1321-1327.

ZHANG J, FU X, 2008. FDI and environmental regulations in China ［J］. Journal of the Asia Pacific economy, 13 (3)：332-353.

ZHANG N, JIANG X F, 2019. The effect of environmental policy on Chinese firm's green productivity and shadow price：a metafrontier input distance function approach ［J］. Technological forecasting and social change, 144：129-136.

ZHANG X R, LIANG Z W, CHEN X J, 2016. Timing mode choice of government subsidy: mediating effect of government subsidy, R&D investment and performance in high-tech industry [J]. Scientific technology progress, 33 (11): 42−47.

ZHAO X, SUN B, 2016. The influence of Chinese environmental regulation on corporation innovation and competitiveness [J]. Journal of cleaner production, 112: 1528−1536.

ZHENG S, KAHN M E, SUN W, et al., 2014. Incentives for China's urban mayors to mitigate pollution externalities: the role of the central government and public environmentalism [J]. Regional science and urban economics, 47: 61−71.

ZHOU J, ZHAO Z, JIANG W, 2018. Influence of environmental constraints on R&D innovation of foreign direct investment enterprises: a study based on PSM method [J]. Scientific research management, 39: 131−140.

ZHOU X, YU Y, YANG F, et al., 2021. Spatial-temporal heterogeneity of green innovation in China [J]. Journal of cleaner production, 282: 124464.

ZHU B, LI LL, 2014. Government subsidies and private enterprise R&D investment [J]. Society, 4: 165−186.

ZHU P, XU W, LUNDIN N, 2006. The impact of government's fundings and tax incentives on industrial R&D investment: empirical evidences from industrial sectors in Shanghai [J]. China economic review, 17: 51−69.

ZHU Q, SARKIS J, LAI K, 2007. Initiatives and outcomes of green supply chain management implementation by Chinese manufacturers [J]. Journal of environmental management, 85 (1): 179−189.

ZHU Y, SARDANA D, 2020. Multinational enterprises' risk mitigation strategies in emerging markets: a political coalition perspective [J]. Journal of world business, 55 (2): 101044.